GUIA DA GAROTA CONFIANTE

KATTY KAY E CLAIRE SHIPMAN

GUIA DA GAROTA CONFIANTE

COMO MELHORAR SUA AUTOCONFIANÇA, SE ARRISCAR

SEM MEDO DE ERRAR E DOMINAR O MUNDO

COM JILLELLYN RILEY

ILUSTRADO POR NAN LAWSON

Tradução
Marcela Filizola

1ª edição

Galera

Rio de Janeiro | 2021

CIP-BRASIL. CATALOGAÇÃO NA PUBLICAÇÃO
SINDICATO NACIONAL DOS EDITORES DE LIVROS, RJ

Kay, Katty

K32g   Guia da garota confiante: como melhorar sua autoconfiança, se arriscar sem medo de errar e dominar o mundo / Katty Kay, Claire Shipman, JillEllyn Riley; ilustração de Nan Lawson; tradução de Marcela Filizola. - 1. ed. - Rio de Janeiro: Galera Record, 2021. :Il.

Tradução de: The confidence code for girls
ISBN: 978-85-01-11882-0

1. Adolescentes (Meninas) - Psicologia. 2. Autoconfiança. 3. Adolescentes (Meninas) - Conduta. 4. Autoestima em adolescentes. I. Shipman, Claire. II. Riley, JillEllyn. III. Lawson, Nan. IV. Filizola, Marcela. V. Título.

20-62354   CDD: 155.208352
                            CDU: 159.923.2-053.6

Meri Gleice Rodrigues de Souza - Bibliotecária CRB-7/6439

Título original:
The Confidence Code for Girls

Copyright © 2018 by Katherine Kay and Claire Shipman
Leitura sensível: Dayane Borges

Publicado mediante acordo com *HarperCollins Children's Books*, um selo da HarperCollins Publishers.
Todos os direitos reservados.
Proibida a reprodução, no todo ou em parte, através de quaisquer meios.
Os direitos morais dos autores foram assegurados.

Texto revisado segundo o novo Acordo Ortográfico da Língua Portuguesa.

Direitos exclusivos de publicação em língua portuguesa somente para o Brasil adquiridos pela
EDITORA RECORD LTDA.
Rua Argentina, 171 - Rio de Janeiro, RJ - 20921-380 - Tel.: (21) 2585-2000, que se reserva a propriedade literária desta tradução.

Impresso no Brasil

ISBN 978-85-01-11882-0

Seja um leitor preferencial Record.
Cadastre-se e receba informações sobre nossos lançamentos e nossas promoções.

Atendimento e venda direta ao leitor:
sac@record.com.br ou (21) 2585-2002.

Para a minha mãe,
incrivelmente espetacular,
maravilhosamente inspiradora,
totalmente magnífica,
Shirley Kay.

—K.K.

Para as minhas gurus de confiança feminina:
minha mãe, Christie Shipman,
que quebrou regras com constante
abnegação e alegria;
minha sogra, Linda Dryden,
que sempre esteve aberta a pular de cabeça nas
coisas;
e minha filha, Della Carney,
cuja coragem e lucidez
eu me esforço para imitar todos os dias.

—C.S.

SUMÁRIO

NOTA DAS AUTORAS	**9**
O que esperar ao longo do percurso	**12**
PARTE 1	**14**
DICAS PARA SE TORNAR CONFIANTE	

capítulo 1   17
Os mecanismos da confiança

capítulo 2   36
Negócio arriscado!

capítulo 3   60
Fracasso épico

capítulo 4   80
Torne-se crítica

PARTE 2   104
CONFIANÇA DE DENTRO PARA FORA

capítulo 5   107
Você e o seu cérebro

capítulo 6   140
Amizade confiante

capítulo 7   170
Guia da menina confiante para navegar na internet

PARTE 3
O EU CONFIANTE

196

capítulo 8
199
Largando o hábito do perfeccionismo

capítulo 9
222
Sendo verdadeira com você

capítulo 10
248
Tornando-se uma Menina de Ação

capítulo 11
267
Criando o seu próprio Código da Confiança

AGRADECIMENTOS
278

INDICAÇÕES
282

NOTAS FINAIS
284

SOBRE AS AUTORAS
303

GUIAS DA CONFIANÇA
CONHEÇA AS NOSSAS

NOTA DAS AUTORAS

Sabe aquilo que sentimos quando fazemos algo corajoso? Aquela energia incrível ao encontrarmos coragem para experimentar algo que não é fácil? Isso se chama...

CONFIANÇA.

Ter confiança é o que dá o poder, a ajuda, a empolgação de que precisamos para sermos nós mesmas e para fazermos o que quisermos — mesmo que seja assustador.

Qual a sensação de ser confiante? Nós falamos com dezenas de meninas de todas as idades para escrever este livro, e a confiança faz com que elas se sintam assim:

Há alguns anos escrevemos um livro sobre mulheres e confiança. Quando ele se tornou um best-seller, percebemos que inúmeras mulheres queriam saber mais sobre essa incrível fonte de energia para que pudessem ter vidas mais ousadas, corajosas e confiantes. Aprendemos muitas coisas fascinantes pesquisando — por exemplo, descobrimos que até os ratos se sentem confiantes e que os cientistas conseguem medir isso! —, mas a coisa mais importante que fizemos foi decifrar o código da confiança — em outras palavras, nós aprendemos a desenvolver isso.

Agora estamos empolgadas para passar o Código da Confiança adiante, pois pesquisadores descobriram que os anos da pré-adolescência e da adolescência são os melhores para a construção da confiança. Nós enchemos este livro com histórias, testes, ilustrações e outras coisas divertidas. E você também deveria saber que tudo aqui é baseado no que os cientistas mais inteligentes e os maiores especialistas do mundo sabem sobre confiança e de onde ela vem.

Lembra da Imani, da Kayla e da Alex — as três personagens que você conheceu mais cedo no corredor da escola? Todas elas poderiam se beneficiar de ter mais confiança. Talvez você tenha notado que as meninas parecem preocupadas, com medo de tentar coisas novas e incapazes de ser inteiramente quem elas querem ser. As três estarão em ação ao longo do livro. Nós queremos que elas, assim como você, digam "Por que não?" em vez de "De jeito nenhum!" sempre que virem um desafio.

Mas é melhor fazermos uma advertência: ter confiança se torna um vício. Depois de experimentar uma vez, você vai querer mais. E mais.

Então vamos começar. Antes de você se dar conta, terá aprendido a construir o seu próprio Código da Confiança e estará fazendo coisas que jamais imaginou.

11

O QUE ESPERAR AO LONGO DO PERCURSO...

Meninas de atitude:

Meninas reais que desenvolveram a própria confiança e fizeram coisas incríveis.

Foco na confiança:

Histórias reais de meninas vivendo o processo difícil e assustador de construção da confiança. Nós trocamos os nomes delas.

Aquecendo a confiança:

Atividades que queremos que você experimente quando deixar o livro de lado para aumentar a sua confiança.

Testes para confiança:

Com base em coisas reais que meninas e experts nos contaram, esses testes treinarão a sua mente para torná-la mais confiante.

Dilemas da confiança:

Questões amplas e intrigantes para você resolver e que nem sempre têm respostas óbvias.

Citações rápidas:

Citações reais de meninas reais para fazer você pensar ou ponderar ou sorrir.

Sua vez:

Coisas que queremos que você preste atenção.

DICAS

PARA SE TORNAR CONFIANTE

O GRANDE RISCO DE KAYLA, PARTE 1

CONTINUA...

CAPÍTULO 1
OS MECANISMOS DA CONFIANÇA

A final, o que significa ter confiança?

Bem, aqui está a definição científica básica:

Confiança é o que transforma os nossos *pensamentos* **em** *ação*.

Você também pode pensar nisso como uma fórmula matemática:

Pensamentos + Confiança = Ação

Ou pense em um kit de química, com os pensamentos em uma proveta e a confiança em outra. Junte os dois e PUF! O resultado é uma ação empolgante e explosiva.

A confiança nos ajuda a fazer qualquer coisa que pareça **difícil, assustadora ou impossível**. Não estamos necessariamente falando de ações extremas, como pular de um penhasco. (Ou talvez estejamos, desde que você tenha um paraquedas ou uma asa-delta!) A confiança também nos dá um impulso para os desafios do dia a dia. Foi assim que Kayla conseguiu ir ao teste para o time de basquete na primeira parte de "O grande risco de Kayla".

Imagine a confiança como um pequeno e poderoso treinador dentro da sua cabeça que ajuda você a fazer todas as coisas que quiser. *"Sei que está pensando que não consegue levantar a mão na sala de aula hoje, mas, vamos lá, já te vi fazendo isso um milhão de vezes. Ignore o nervosismo e simplesmente levante a mão. Você consegue."*

 **TESTE**

Quais destas ações exigem confiança?

1. Eve tem uma melhor amiga que se chama Hannah, e as duas são praticamente gêmeas. Quando estão juntas, elas simplesmente se entendem. Mas de repente, um dia, Hannah faz um comentário um pouco cruel sobre o novo corte de cabelo de Eve, que se sente traída. No entanto, Eve não quer contar para

Hannah que está chateada porque tem medo de se sentir estranha a respeito disso. Mesmo assim, ela vai em frente, menciona o assunto e é sincera sobre como tem se sentido.

2. Cate é uma aluna muito boa em matemática que sempre amou os números — eles simplesmente fazem sentido para ela. Cate trabalha duro nas questões de matemática e faz os exercícios de casa voando. A sua professora diz que, se ela quiser, com certeza conseguirá entrar para o time de competição de matemática. Cate faz o teste, e é um sonho que se torna realidade: problemas de matemática por toda parte!

3. Isabella sabe cada fala de *A bela e a fera*, o próximo musical da escola, de cor. Ela ama cantar, mas nunca participou de um espetáculo antes, enquanto muitos dos outros alunos já participaram. Isabella também fica insegura com relação à própria voz, porque jamais estudou canto de verdade. E os testes são feitos na presença de todos os alunos que também querem papéis. Mesmo assim, ela se força a tentar! Mas o desempenho de Isabella

no teste é tão terrivelmente vergonhoso quanto ela havia esperado.

Respostas: Vamos por partes

Se você respondeu 1, 3 ou ambas, está SUPERCERTA. A menina que conversou com a amiga e a menina que participou do teste para a peça fizeram algo que visivelmente exigia confiança. A situação número 2 necessitava de um pouco de confiança também, mas não tanto.

1. Eve fez uma coisa difícil ao conversar com Hannah, pois ela ficou chateada por mais ou menos meia hora depois que Eve se abriu. As duas aprenderam a ser mais sinceras uma com a outra e mais sensíveis, no futuro, sobre o que dizem.

2. Cate fez o teste para o time de matemática e passou, mas não foi algo tão difícil assim, não é? Ela basicamente continuou fazendo uma coisa na qual já era boa. Vamos ver quando ela tentar uma atividade mais desafiadora. Isso, sim, exigiria mais confiança.

3. Isabella realmente saiu da sua zona de conforto ao fazer o teste para a peça. Ela não conseguiu passar e ficou triste, mas depois percebeu que ainda queria participar de um musical. Então decidiu se preparar para o próximo teste de

forma diferente. Uma das coisas que Isabella pretende fazer é começar a treinar a voz para que não fique fraca e vacilante quando ela estiver nervosa. Muitas pessoas não passaram, e a vida de ninguém acabou. A coisa mais importante? Ela se arriscou e agiu.

A principal ideia dessas histórias é AGIR. Pense em verbos e palavras de ação:

Pular de um trampolim bem alto

Falar com um vizinho sobre ser babá dos filhos dele

Tentar um novo esporte, como a Kayla fez

Tente alguma coisa, faça alguma coisa, desenvolva alguma coisa, junte-se a alguma coisa, diga alguma coisa, seja alguma coisa. Pegaram o espírito do jogo?

Ter confiança é _____. (Preencha com a sua palavra de ação aqui — a não ser que este seja um livro da biblioteca ou um livro digital. Nesse caso, faça uma lista em um papel ou no seu celular!)

Meninas de atitude têm a vida mais animada de todas. Por quê? Pense: você pode ficar sentada aí, se preocupando e vendo as coisas acontecendo no mundo. *Ou* pode se jogar e participar da diversão, criando aventuras e sucessos ao explorar e agir.

Você quer fazer um teste para um time, mesmo sem estar muito certa do quanto é boa? Ter confiança vai te dar impulso. Quer escrever um blog e contar para o mundo inteiro o que você pensa, mesmo temendo não ter pensamentos interessantes? A confiança é essencial para isso também. Quer ser você mesma, ainda que essa pessoa seja totalmente diferente dos outros? Ser confiante torna isso possível. Quer pintar o cabelo ou raspar a cabeça, deixar os vestidos de lado e usar o que quiser? Confiança... bem, você entendeu. Na história a seguir, Ava usa a sua confiança para fazer algo que é muito importante para ela.

FOCO NA CONFIANÇA

Ava adora tirar fotos com o celular, usando todo tipo de aplicativo e filtro. Ela faz isso constantemente e posta as fotos no Pinterest e no Instagram. Como presente de aniversário, Ava ganhou uma bela câmera antiga, pela qual está agora totalmente obcecada. Ela pratica com tudo em torno dela o tempo todo: rachaduras na calçada, o céu, o lixo sendo levado pelo vento na rua, portões, bicicletas. Mas o que Ava realmente quer fazer é tirar fotos de pessoas. Isso a deixa fascinada — gente de todas as formas e tamanhos, desde bebês gorduchos até velhinhas enrugadas. É grosseiro tirar fotos sem pedir permissão, Ava sabe disso — e ela é tímida demais para se aproximar de estranhos e perguntar se pode fotografá-los. Ainda assim, como ela quer muito fotografar aquele cara fascinante de bigodinho que fica esperando o ônibus, ou a mulher equilibrando nos braços as compras de supermercado enquanto desce a rua, Ava ensaia o que poderia dizer a eles. Uma vez ou outra, ela consegue ir até um estranho, mas imediatamente entra em pânico e vira as costas. Isso só torna as coisas piores, porque Ava acaba ficando irritada com ela mesma por nem ao menos tentar.

Então, um dia, no parque, enquanto observa umas mulheres fazendo tai chi, com os braços graciosamente erguidos, apontando para o céu, Ava não aguenta mais — ela está cansada de não fazer o que quer! Balançando a cabeça para afastar o pânico, ela respira fundo e se aproxima das mulheres, dizendo que ama a forma como a sombra do grupo fica com o sol por trás, e pergunta se pode tirar uma foto, e as mulheres dizem que sim! Ava acaba tirando algumas das suas fotos favoritas. Ainda não é fácil se aproximar de pessoas na rua, e, quando ela faz isso, muitas são grosseiras e mal-humoradas. Mas, à medida que mais gente concorda com as fotos, a pilha de imagens dela cresce, assim como a sua confiança.

USANDO A SUA CONFIANÇA

É claro que pessoas diferentes vão precisar de confiança para coisas diferentes. As muitas meninas com as quais falamos nos deram uma lista grande e variada.

> Perguntar para a minha amiga por que ela me cortou de uma foto no Instagram.

> Dizer às pessoas que sou lésbica e não esconder dos outros nenhuma parte de mim.

> Me manifestar sobre bullying, mesmo que os outros alunos fiquem irritados comigo.

> Tentar entrar no time de atletismo, ainda que eu só corra quando estou atrasada.

Ficar quieta e saber ouvir e não achar que sou o centro das atenções.

Me expressar em sala de aula.

Mostrar às pessoas o meu verdadeiro eu. Elas podem não gostar de mim.

Ir para a aula de educação física, porque tenho medo de parecer totalmente descoordenada.

Dizer aos meus amigos que quero ficar sozinha. Mas não tenho coragem de falar "não" para eles quando querem sair comigo.

Conhecer gente nova. É assustador.

AQUECENDO A CONFIANÇA

Agora é a SUA vez de tentar. Primeiro, pegue as ferramentas das quais vai precisar para começar a criar o seu próprio Código da Confiança: uma caneta ou um lápis e um caderno ou um diário (um monte de papel solto funciona também). Ou você pode usar o seu celular, se tiver um, para ir registrando as coisas, caso prefira, embora cientistas tenham descoberto que escrever à mão grava melhor as coisas no nosso cérebro. O que quer que você escolha, esse será o seu Caderno da Confiança. Talvez você esteja revirando os olhos e resmungando por ter mais um dever de casa, mas isso não é matemática ou história, certo? É sobre você ser INCRÍVEL.

Comece pensando em coisas que realmente desafiam você, coisas que podem exigir um nível maior de confiança, e as escreva. Em outra página, escreva as coisas nas quais você é boa. Veja este exemplo:

Gosto de fazer	É difícil para mim
Vôlei	Teste de ciências
Jogar videogame	Falar com um garçom
Laboratório de ciências	Ser simplesmente eu mesma

Às vezes uma grande quantidade de confiança é mesmo necessária *simplesmente para ser você mesma*. Na adolescência e na pré-adolescência, os sentimentos são mais intensos, as apostas, mais altas, e os impulsos podem ser confusos. Existe a necessidade de se definir e de demonstrar independência, mas também parece totalmente essencial PERTENCER A UM GRUPO. E quanto aos momentos em que enfrentamos realidades que podem fazer com que nos sintamos diferentes? Se na sua escola você for uma das poucas meninas não brancas, por exemplo, pode ser preciso ter confiança e coragem para ser você mesma em vez de tentar se encaixar em um molde. E para a galera LGBTQIA+, decidir falar sobre o que sente e sobre quem realmente é, sem dúvida, requer confiança, porque pode não ser algo com que as outras pessoas estão acostumadas. Sempre que desafiamos o que parece "normal" para a maioria das pessoas, é necessário ter confiança em quem você é no seu íntimo.

IMPOSTORES DA CONFIANÇA

Você já deve saber disso, mas às vezes as pessoas que *parecem* ser as mais confiantes não são nada confiantes.

Posturas potentes

Quer ficar confiante rapidinho? Experimente essa postura de poder: fique de pé e estique os braços, como se estivesse tentando tocar as paredes laterais. Ponha a palma da mão virada para fora, como se estivesse fazendo um sinal de pare. Fique assim. CONTINUE assim por três minutos: conte até sessenta bem devagar três vezes. (É um exercício físico também!)

Ou apenas se concentre em ficar sentada de forma ereta! Sabemos que isso parece algo que a sua avó diria, mas entrevistamos cientistas que descobriram que ambas as posições podem aumentar a nossa sensação de poder e nos dar um aumento temporário de confiança!

IMPOSTORES DA CONFIANÇA

- ♦ Ser falsa, malcriada e arrogante
- ♦ Falar no tom mais alto do ambiente e ao mesmo tempo que os seus amigos
- ♦ Fazer com que outras pessoas se sintam mal, colocando-as para baixo para se sentir melhor sobre si mesmo
- ♦ Sempre conseguir que as coisas sejam do seu jeito
- ♦ Tentar ficar com a aparência incrível para fazer com que os outros sintam inveja
- ♦ Ser MELHOR que os outros e se certificar de que todos saibam disso

A CONFIANÇA DEFINITIVAMENTE NÃO É: SOBRE A SUA APARÊNCIA. É SOBRE COMO VOCÊ AGE E QUEM VOCÊ É.

FOCO NA CONFIANÇA

Karah tem 11 anos e estava orgulhosa do seu cabelo longo, ondulado e volumoso. Ela costumava jogá-lo de um lado para o outro, fazendo questão de que as pessoas o notassem; Karah amava a atenção. Mas então a sua prima Ali teve câncer e, quando perdeu o cabelo, ela quis uma peruca. Por causa da doença dela, Karah descobriu que muitas pessoas precisam de perucas no tratamento de câncer. Ela decidiu cortar o cabelo e doá-lo para fazer essas perucas. Karah teve medo de ficar com uma aparência estranha, de que as pessoas deixassem de achá-la bonita. Ainda assim, ela queria muito ajudar alguém que poderia precisar do seu lindo cabelo mais do que ela mesma. Então Karah cortou quase tudo. Não chegou a raspar, mas foi algo bem perto disso. A princípio, ela achou que tinha ficado feia, mas então, depois de alguns dias, ela começou a se sentir poderosa. Karah era mais do que o seu cabelo! Ela pretende deixá-lo crescer novamente, mas quem sabe — talvez, depois que estiver grande, ela o corte e doe novamente.

AQUECENDO A CONFIANÇA

Nesse momento, você já está ficando boa em perceber a diferença entre ser e não ser confiante. Comece a notar isso nas pessoas ao seu redor.

1. **ENCONTRE PESSOAS QUE SIRVAM DE EXEMPLO** — outras meninas e mulheres ousadas e incríveis que você conhece ou sobre as quais você

tenha lido a respeito. Qual é a melhor parte daquilo que elas fazem? Escreva, porque voltar a isso depois vai trazer inspiração!

2. **FIQUE DE OLHO NOS IMPOSTORES** — todos aqueles que fingem ser confiantes para tratar os outros mal ou para colocá-los para baixo com o objetivo de se sentirem por cima. Os impostores podem andar por aí *agindo como* se tivessem confiança de sobra, mas isso é falso e é perceptível a quilômetros de distância.

3. **DIGA PARA TODO MUNDO OUVIR** — pegue o seu telefone e elogie atitudes confiantes de três pessoas que você conhece. Por exemplo, elogie a sua amiga que trabalha na unidade de reciclagem. Ou a sua irmã, que confrontou alguém que estava fazendo bullying. Ou a sua mãe, que pediu um aumento no trabalho. Faça com que elas saibam que você *vê* a confiança delas em ação — que você *nota* o que elas fazem. As pesquisas mostram que, ao distribuir esse tipo de recohecimento, você constrói a sua própria *confiança*!

PRODUZINDO MAIS CONFIANÇA: A CENA EM PLANO GERAL

A essa altura, deveria estar bem claro o que é a confiança e por que isso importa tanto. E você provavelmente está pensando: *Aff, óbvio que é ótimo. Mas e se eu não tiver baldes de confiança à espera no momento que eu quiser experimentar algo? E se eu quiser me candidatar a representante de turma e só conseguir pensar nas pessoas me encarando e acabar não querendo sair do sofá? Bem, é por isso que saber como produzir confiança é muito importante.*

Há anos cientistas vêm estudando a genética e o comportamento das pessoas. Atualmente eles acreditam que, ainda que todos nós nasçamos com algum nível de confiança, sempre podemos produzir mais. E aqui está a forma básica de fazer isso: ao agir, especialmente ao fazer alguma coisa minimamente arriscada, você não apenas usa a sua confiança, mas acaba *criando mais*!

Imagine algumas engrenagens na sua cabeça. A confiança é a graxa que ajuda a girar as engrenagens dos seus pensamentos e a gerar ação. E o resultado fabuloso disso? Essa ação gera mais confiança para a próxima vez.

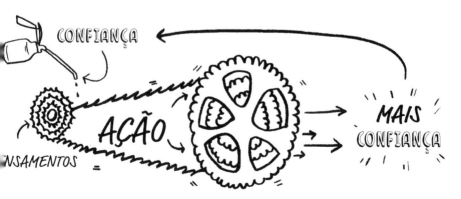

A ação é fundamental para o seu Código da Confiança. Em "O grande risco de Kayla", por exemplo, ela ainda não percebeu que produziu mais confiança simplesmente por ter feito o teste para o time de basquete, mesmo sem ter passado. Logo Kayla vai aprender. Mas de volta a *você* sentada no sofá. Digamos que você levante, faça o teste para a turma de debate e não diga as coisas mais inteligentes na primeira sessão. É só se preparar um pouco mais para a próxima. Pode entrar no time como reserva, levar a sério e, no fim das contas, acabar como um membro titular. *Este* tipo de processo é o que *realmente* faz crescer a sua reserva de energia: tentar, correr riscos, errar, se esforçar e acabar ficando boa em alguma coisa. Criar confiança não é tanto sobre o resultado, sobre ter sucesso ou sobre ganhar.

É mais sobre fazer. Você vai estar muito mais aberta a tentar outras coisas agora, afinal, já tem alguma reserva de confiança. Tente e veja.

Mas estaríamos brincando se disséssemos que o fazer é superfácil. Como lidar com o frio na barriga, com a vontade de vomitar, com a sensação de preferir ficar na cama, se esconder no banheiro ou ficar grudada em uma cadeira?

Como dar aquele primeiro passo necessário para se tornar uma Menina de Ação, para produzir um estoque de confiança quando você não tem o suficiente para fazer com que o processo comece? Bem, é preciso SE ARRISCAR.

MENINAS DE ATITUDE

Gracie Kuglin, de 9 anos, sempre amou todas as criaturas, até mesmo as que não eram tão fofinhas, como aranhas e escorpiões. Ela quer ser veterinária quando crescer. Gracie vendeu alguns dos seus brinquedos antigos e usou o dinheiro para comprar brinquedos para os cachorros da Humane Society. Mas então ela descobriu que a filial da sua cidade natal, em Dakota do Norte, estava desesperadamente sem dinheiro para coisas essenciais, como vacinas e comida. Foi nesse momento que Gracie soube que queria descobrir um jeito de levantar mais fundos para ajudar os animais. Até mesmo cinco dólares podem fazer diferença — podem alimentar quinze animais por um dia ou pagar por uma vacinação.

A avó dela estava fazendo um bazar, então Gracie e a sua mãe decidiram que seria a oportunidade perfeita para fazer uma barraquinha de limonada. Gracie é um pouco tímida para falar com pessoas, mas ela estava determinada a ajudar os animais. E, uma vez que coloca uma coisa na cabeça, ela definitivamente vai até o fim! Pessoas vieram de mais de 30 quilômetros de distância para comprar em sua barraquinha, incluindo o diretor da escola e diversos professores.

Para a próxima etapa, Gracie tem planos ainda maiores. "Eles precisam de um novo canil", explicou ela. "Precisam de brinquedos para os cães, ração canina e felina — eles precisam de muitas coisas!" Então, de aniversário, ela está pedindo que os seus amigos levem coisas para a Humane Society em vez de dar algo para ela. E Gracie está expandindo a barraca de limonada para incluir a venda de doces. Ela disse que se surpreendeu com quão corajosa conseguia ser ao representar os amigos peludos que não conseguem falar.

CAPÍTULO 2
NEGÓCIO ARRISCADO!

Arriscar-se é como acreditar e saltar. É usar qualquer confiança que você tem, e talvez alguma coragem e bravura, para se jogar no abismo escuro do que quer que assuste você.

Apenas observe como diferentes dicionários descrevem o risco:

> **risco:**
> **1. a possibilidade de algo ruim ou desagradável acontecer**
>
> **2. uma chance de se machucar ou de perder alguma coisa**
>
> **3. perigo**

Perigo? Se machucar? Hmm, não é de surpreender que o nosso instinto seja evitar riscos. Mas lembre-se: agir, especialmente uma ação que seja difícil, é o que produz confiança. O risco é exatamente o que a Kayla confronta em "O grande risco de Kayla" (sim, o título meio que entrega o jogo). Ela se preocupa com a vergonha e o fracasso. Mesmo assim, Kayla tenta depois de receber ajuda e bons conselhos das amigas — *"O que você tem a perder?"*.

Às vezes, quando não temos uma reserva de confiança, precisamos contar com impulsos assim, ou mesmo com pura força de vontade, para incentivar o nosso primeiro movimento. Mas, após começarmos, entramos rapidamente em uma zona onde é possível criar confiança. Neste capítulo, vamos oferecer um **plano de sete etapas** para ajudar você a atravessar o nervosismo de iniciante na arte de se arriscar. Uma menina com quem conversamos, Lucy, disse que "realmente odiava coisas arriscadas" e que sentia "vontade de vomitar", mas ela finalmente descobriu como mergulhar de cabeça.

FOCO NA CONFIANÇA

A partir dos 11 anos, Lucy tinha um trabalho regular como babá: ela cuidava de um menininho enquanto os pais dele lavavam a roupa ou

Sua lista de riscos

Faça uma lista com cinco coisas nas quais você quer se arriscar. Nada muito importante. Não pense em salvar o mundo, largar a escola ou dizer àquele professor de história irritante o que ele deve fazer com o livro didático. Cientistas descobriram que, quando as pessoas tiram um tempo para escrever um objetivo, elas têm 42% de chances a mais de tornar aquilo uma realidade. Então, quais são algumas das coisas que estão na sua cabeça, mas que parecem um pouco difíceis ou arriscadas? Tentar tocar um instrumento novo? Falar com aquele aluno engraçado da sua sala? Pegue o seu Caderno da Confiança, ou um pedaço de papel, e assuma o risco de simplesmente declarar essas coisas. Isso já significa que elas são mais possíveis.

faziam tarefas pela casa. Mas, depois de uns dois anos, os pais do menino começaram a pedir para ela tomar conta dele à noite, quando eles saíam. Então era Lucy quem cuidava da hora do banho/hora de contar história/hora de dormir, o que era divertido, porém também significava muito mais trabalho e responsabilidade.

Lucy percebeu que queria pedir um aumento aos pais da criança. Mas a ideia de ter essa conversa a deixava ansiosa. Ela gostava deles de verdade, e o casal sempre tinha sido legal com ela e deixado ótimos lanches… E se eles ficassem zangados? E se ficassem ofendidos, pensando que ela não gostava do filho deles? E se pensassem que ela não merecia ganhar mais? A barriga dela doía só de pensar naquela conversa com eles.

Ao falar sobre a situação com os próprios pais, ela arrumou um jeito de tocar no assunto. Lucy fez uma lista mental do que podia dizer: "Eu amo trabalhar aqui. E posso dizer com confiança que estou fazendo um bom trabalho. Como as minhas responsabilidades aumentaram, acho que seria justo eu começar a cobrar mais."

Então... certa noite, quando os pais do menino voltaram depois de um filme, Lucy colocou tudo para fora de uma vez. Talvez não de forma tão perfeita como tinha praticado mentalmente, mas ela expôs a situação e, imediatamente, se sentiu melhor. Além disso, os pais concordaram inteiramente, abrindo a carteira na mesma hora. Eles até disseram que se sentiam mal por não terem pensado naquilo antes. O casal continuou chamando Lucy com frequência para tomar conta do filho deles, e o processo todo possibilitou que ela desenvolvesse um pouco de confiança.

Lucy se arriscou e valeu a pena. E talvez essa história faça esse processo parecer bem simples e direto — mas sabemos que nem sempre é tão fácil. Estas etapas vão ajudar você a começar a ter vontade de se arriscar:

ETAPA 1: ACOLHER O RISCO

Antes de você sair tentando correr riscos por si mesma, é preciso realmente acreditar nos benefícios. Praticamente todas as situações que você enfrentar vão colocar escolhas na sua frente. E frequentemente a escolha mais assustadora é a certa.

 **TESTE**

Quão boa você é em perceber os pontos positivos de uma jogada de risco?

1. *Jaylen é nova na sua escola no Arizona e ainda não fez amizades. Ela já notou um grupo de meninas no refeitório que parece legal e achou que uma delas sorriu para ela outro dia — talvez até tenha feito sinal com a mão chamando Jaylen para a mesa.* Ela deveria:
    a. Tentar ir até o grupo um dia durante o almoço, mesmo que elas a deixem de fora?
    b. Pensar sobre isso por uma semana ou menos, ver se as meninas demonstram mais algum sinal de simpatia e então tentar de novo?

c. Resignar-se a ficar sozinha por uns meses? Assim não existe chance de um constrangimento total.

2. *Libby ama animais. Ela passou uma semana incrível em um abrigo para um projeto da escola e acabou tendo a ideia de juntar cachorros e gatos abandonados com as casas para idosos, igual àquela onde a avó dela vive. Afinal, os moradores ficam tão felizes quando animais visitam.* Ela deveria:

a. Pesquisar mais e talvez propor isso quando estiver mais velha e tiver mais informações? Libby provavelmente aprenderia muito dessa forma.

b. Apenas se concentrar no dever de casa e deixar isso para os adultos? Ela evitaria o risco de se humilhar.

c. Ir até lá para falar com o diretor, mesmo que falar com um adulto que ela não conhece a deixe nervosa e mesmo tendo provavelmente um milhão de motivos para isso não funcionar?

Respostas: Vamos por partes

1. **A** é o verdadeiro risco que Jaylen deveria correr. A intuição dela está dizendo que as meninas vão ser

simpáticas, e ela nunca vai saber se esperar demais. **B** pode funcionar, mas ela também pode perder uma chance. **C** visivelmente não é uma boa jogada!

2. **C** é a situação em que Libby mais se arriscaria e é a melhor forma de agir. **A** poderia funcionar, mas é muito cauteloso. Ela não precisa aperfeiçoar a ideia, de fato. Libby pode aprender muito com o diretor se ela tentar agora. Quanto à alternativa **B** — não vamos nem começar a comentar.

ETAPA 2: DECIDA SE É UM RISCO INTELIGENTE OU IDIOTA

Essa parte não é tão difícil. Nós queremos que você acolha riscos inteligentes. Não estamos falando sobre mergulhar de cabeça na parte rasa da piscina ou passar o seu endereço para um desconhecido on-line. Não faça nada que pareça errado ou que outra pessoa esteja pressionando você para fazer.

Riscos inteligentes são coisas das quais normalmente podemos fugir, mas que, no fundo, sabemos que podem aumentar a diversão, a aventura e tornar nossa vida mais significativa. Pense tanto em Jaylen quanto em Libby. Elas podem ficar decepcionadas ou momentaneamente envergonhadas caso se arrisquem. Mas riscos inteligentes geralmente acabam valendo a pena no fim das contas, mesmo quando não funcionam de imediato (leia mais a respeito de como lidar com isso no capítulo sobre fracasso).

 **TESTE**

Estes riscos saíram diretamente da boca das meninas com quem conversamos. O que você acha — são inteligentes ou idiotas?
1. "Entrar em um clube novo na escola. Parece assustador, mas divertido também."
2. "Pegar o meu celular discretamente para usar durante a aula."
3. "Postar uma foto com uma amiga no Instagram, mesmo sem ter pedido permissão primeiro."
4. "Falar com pessoas novas."
5. "Tentar uma nova jogada no time de futebol, mas acabar caindo de bunda."
6. "Concorrer para o conselho estudantil para protestar contra os códigos de vestimenta."
7. "Avisar para a professora que a nota que ela me deu está errada."
8. "Dizer a minha melhor amiga que ela me magoou."

9. "Ler o meu poema em voz alta para a turma."

10. "Matar aula com os meus amigos para ficar de bobeira no shopping."

Respostas: Vamos por partes

Para nós, quase todos os itens parecem conter riscos incríveis e inteligentes. EXCETO os números 2, 3 e 10.

2: Quebrar uma regra da escola provavelmente vai deixar você encrencada. Simplesmente espere para usar o seu celular mais tarde.

3: Postar uma foto no Instagram sem permissão pode parecer OK, mas a coisa certa a fazer é perguntar para a sua amiga. É bem mais fácil evitar um problema antes que ele aconteça.

10: Bem, nem precisamos dizer: matar aula não é a melhor das ideias.

ETAPA 3: ZONA DE CONFORTO = ZONA DE PERIGO

É claro que a parte mais difícil de se arriscar é sair da zona de conforto. Afinal, a nossa zona de conforto é tão aconchegante e... confortável. Visualize agora a sua própria ZC. É calorosa e convidativa, cheia de pufes e enormes almofadas de pelúcia. Ou quem sabe cheia de luzes piscantes e vários lanches e o seu cachorro ou o seu gato peludo.

Todos nós temos isso — um porto seguro. É muito mais fácil ficar com aquilo que já conhecemos. Não arrumar problemas. É bem mais agradável sair com os amigos que já temos, que já são de boa. Por que simplesmente não nos escondemos lá? No próximo Foco na confiança, as meninas contam que, por muito tempo, elas não quiseram sair de *jeito nenhum* da ZC delas.

FOCO NA CONFIANÇA

Wyatt ama desenhar. Ela nunca está mais feliz do que quando está encurvada na sala de artes, rabiscando em meio a nuvens de pó do lápis de carvão. Ela faz desenhos nas margens de todo pedaço de papel que chega às suas mãos e cobre toda correspondência que chega em casa com as próprias ilustrações. Às vezes Wyatt pensa que poderia ser legal desenhar com um grupo, talvez fazer revistas em quadrinhos juntos. Mas ela está tão confortável dentro das cores e espirais da sua zona de arte que ela permanece lá.

Feng joga na posição de campista no time de softbol. Ela tem todo o lado direito do campo para si e está superconfortável ali. As meninas que jogam nas posições de primeira base e interbases são incríveis, então raramente as bolas chegam nela. Feng joga bem naquela posição e nunca precisa lidar com o nervosismo. Ela não está nada ansiosa para mudar um pouco as coisas e tentar uma posição diferente.

OK, todos nós precisamos das nossas zonas de conforto. Mas temos que ser capazes de deixá-las para viver novos desafios. Se ficarmos nelas, isso pode se tornar sufocante e entediante. Embora fazer qualquer coisa pela primeira vez seja assustador, tentar coisas novas é a forma que temos de continuar aprendendo sobre nós mesmas e de descobrir do que mais podemos gostar. Se tivéssemos permanecido na nossa zona de conforto de bebê, ainda estaríamos deitadas num berço, esperando que comida e brinquedos viessem até nós. EM VEZ DISSO, nos colocamos de pé e começamos a tentar andar por aí para ver o que o mundo poderia oferecer. Continue explorando!

ETAPA 4: O QUE É UM RISCO PARA VOCÊ?

Riscos diferem de pessoa para pessoa. Comece a reduzir a sua lista mental de riscos. Foque no que deixa *você* nervosa.

 **TESTE**

O que parece arriscado?
    a. Acampar
    b. Tocar em uma banda
    c. Ter um parceiro de laboratório que você não conhece

Ou o que é assustador?

a. Tobogãs e montanhas-russas

b. Tentar entrar em um novo time

c. Compartilhar uma canção que você escreveu com outras pessoas

Alguma dessas opções faz você se sentir enjoada?

a. Esquiar

b. Apresentar um trabalho para os seus colegas

c. Enviar um desenho seu para um concurso

Respostas: Vamos por partes

Se você escolheu a letra **A** para a maioria, então atividades físicas provavelmente tendem a te deixar nervosa. Se a escolha principal foi a letra **B**, então apresentações em público parecem coisas desafiadoras para você. E, caso tenha escolhido a letra **C**, então aparentemente compartilhar algo com o mundo, mostrar-se vulnerável diante de estranhos, parece ser a coisa mais difícil para você.

E tenha isso em mente: o risco varia para diferentes tipos de pessoa. Imigrantes estrangeiros, por exemplo, podem enfrentar desafios que talvez façam a vida cotidiana deles parecer cheia de riscos. Pode ser a dificuldade de falar a língua do novo país, ou pode ser ter uma aparência diferente daquela das pessoas ao redor. Farrah é do Iêmen e usa um *hijab*, a vestimenta muçulmana tradicional para encobrir a cabeça das mulheres, na escola que ela frequenta. Ninguém além dela faz uso dessa peça de roupa, então, para ela, o simples ato de ir à escola pode passar a sensação de algo assustador e arriscado, porque ela sabe que algumas pessoas a estão encarando. Ela lembra a si mesma que tem o direito de estar ali, como todo mundo. E talvez as pessoas não a encarem por maldade, mas apenas por curiosidade. Isso faz com que Farrah se sinta melhor, e ela tenta demonstrar que, na verdade, é exatamente igual a eles.

Para pessoas que andam de cadeira de rodas, ou aqueles que são cegos ou que lidam com qualquer coisa que faça com que a circulação pelo mundo seja um pouquinho mais complicada, arriscar-se é algo totalmente diferente. Há uma batalha constante para navegar o mundo real e uma batalha constante para ignorar as pessoas que os encaram.

ETAPA 5: PEQUENAS ETAPAS

Pesquisadores descobriram que pensar em um GRANDE desafio pode ser meio assustador. *"Como vou conseguir sair de onde estou e chegar aonde quero? Argh, é melhor desistir logo."* Eles também descobriram que fazer uma pausa por uns minutos e dividir o desafio em várias pequenas etapas torna tudo muito mais alcançável.

Por exemplo, quando Lucy quis falar com os pais da criança de quem cuidava, ela dividiu isso em partes. O objetivo era receber um aumento. Pedir isso parecia quase impossível — até que ela organizou o que precisava fazer em quatro etapas. Lucy fez uma lista das suas razões, depois falou com os próprios pais e ensaiou com os dois o que queria dizer. Finalmente, ela escolheu um momento para abordar o assunto. Lucy não foi perfeita, mas ter um plano e pequenas etapas para cumprir no caminho a ajudaram. Às vezes, ajuda começar com pequenos **desafios-ponte** — uma série de pequenos riscos, como pequenas pontes, que no fim vão te guiar para fora da sua ZC e direto sobre todas as coisas assustadoras que você esteve imaginando.

FOCO NA CONFIANÇA

Wyatt, a menina que estava vivendo na sua zona de conforto da arte, começou aos poucos. Ela estava cansada de ficar sempre sozinha, mas só conseguiria se abrir para outras pessoas se fosse aos poucos. Primeiro, ela passou algumas semanas pensando. Wyatt imaginou uma reunião de pessoas que gostassem do mesmo tipo de coisa que ela, que quisessem desenhar ou fazer histórias em quadrinhos, rabiscar e inventar legendas engraçadas.

Quando ela passou a se sentir um pouco mais confiante, surgiu a ideia de uma revista de arte. O próximo passo já foi maior. Ela pendurou um cartaz na escola anunciando a nova revista e convidando outros alunos a participar do projeto. A princípio, ninguém se inscreveu, e Wyatt começou a se sentir péssima toda vez que passava por seu patético cartaz e via o espaço para inscrições vazio. Mas então um aluno se inscreveu, e depois outro, e então mais um... TRÊS alunos colocaram os nomes no cartaz e combinaram de encontrar Wyatt na hora do almoço. Agora eles estão trabalhando na primeira edição da revista, cheia de desenhos e caricaturas totalmente diferentes. Vai ser esquisito fazer várias cópias e entregá--las para estranhos, mas é melhor do que sentar totalmente sozinha no fundo da sala.

ETAPA 6: SINTA-SE CONFORTÁVEL COM SE SENTIR DESCONFORTÁVEL

Normalmente, se arriscar não é divertido. Pode ser muito, muito desconfortável. Mas você vai acabar se acostumando. É como comer algo que você nunca experimentou, vestir alguma coisa nova ou superar um medo de cães. A única coisa que funciona é comer um pouquinho de cada vez, ou vestir aquela camisa algumas vezes até que pareça familiar, ou aprender a se aproximar de cachorros e fazer carinho neles repetidas vezes. Insistir em coisas que nem sempre nos dão uma sensação boa é literalmente como se vacinar — é uma grande agulha no seu braço contra um nervosismo futuro. Naomi nos contou como ela aprendeu a tolerar um desconforto extremo e como transformou a dor e o medo em algo útil para ela no fim das contas.

FOCO NA CONFIANÇA

Naomi passa horas andando a cavalo. Montar um animal tão imenso e pesado pode ser perigoso, mas ela ama fazer isso e quer ser muito boa. Naomi foi para um treino intensivo no qual lhe deram um cavalo chamado Lulu. O animal era praticamente selvagem e quase arruinou o gosto de Naomi pela equitação. Durante cinco dias seguidos, Lulu empinava e a derrubava. Ou se abaixava para mordiscar a grama, o que tornava difícil para Naomi conduzi-lo. E ela estava com TANTA dor por causa de todas as quedas — as costas dela pareciam quebradas e havia hematomas roxos e esverdeados por todo o corpo. Pode parecer que tudo que Naomi estava conseguindo era dor e humilhação, mas, ao longo de toda aquela semana, ela foi se tornando mais confiante ao insistir naquilo.

Certa vez, a queda foi tão violenta que Naomi ficou sem ar. Ao se encolher em posição fetal no chão, ela pensou: "Desisto. Deixa para lá. Odeio isso. Vou pedir um cavalo mais fácil". Mas, ao se levantar de novo e perceber que não tinha quebrado nada, ela entendeu que precisava continuar insistindo — se desistisse naquele momento, toda aquela dor, todas aquelas quedas, seriam EM VÃO. Naomi percebeu que, pelo menos, estava se sentindo mais forte. E, disse ela a si mesma, o pior provavelmente já tinha passado! Então Naomi continuou seguindo, imaginando-se como uma amazona graciosa e forte com um animal lindo e poderoso — os dois sintonizados e conectados. Logo, ela começou a montar sem medo. Se Naomi conseguia lidar com o fato de ser constantemente derrubada por Lulu, ela podia lidar com qualquer coisa!

ETAPA 7: SEJA A SUA PRÓPRIA TREINADORA

Quando finalmente estiver pronta para agir, você precisará aprender a ser a sua própria treinadora. Aqui estão algumas dicas.

- ◊ *Visualize*. Imagine o que você quer que aconteça, como realmente seria isso. É hora de ir além dos "e se" e se concentrar no que vai acontecer. Todas as grandes atletas ou cantoras usam a visualização para ir dos treinos e dos ensaios aos grandes momentos na quadra ou no palco. Foi o que Naomi fez ao montar. Cientistas descobriram que, ao visualizar o que você QUER que aconteça, há mais chances de FAZER isso acontecer. De verdade!
- ◊ *Coloque-se para cima*. Aqui estão alguns mini-impulsos de confiança para ajudar você a pular de cabeça. Mantenha essas frases à mão e use-as frequentemente.

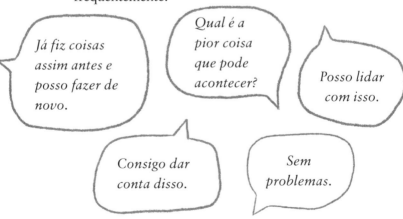

◊ *Pratique*. A repetição faz tudo parecer natural, como se fosse apenas parte daquilo que você faz, não algo superdiferente. Ensaie o que quer dizer ou o que quer fazer. Não precisa exagerar. Mas um pouco de preparo é muito útil.

◊ *Escolha o seu time*. Todo treinador sabe que um bom time é essencial. Você precisa saber quem está do seu lado — quais adultos e amigos lhe darão o tipo de apoio que Kayla teve. Comece uma lista e a reveja quando estiver lendo o capítulo sobre amizade.

◊ *Lembre-se dessa história*. Um cientista que pesquisa a confiança nos contou que ele notou que os homens costumavam ter um resultado muito melhor em um teste de matemática que ele havia aplicado inúmeras vezes sobre decifrar um quebra-cabeça. Então ele estudou as respostas das mulheres com mais cuidado e percebeu uma coisa. Elas estavam pulando muitas das questões! O cientista se deu conta de que, quando não tinham certeza, as mulheres normalmente não se arriscavam a chutar uma resposta. Ele disse ao próximo grupo de homens e de mulheres que TODO MUNDO tinha que responder TODAS as questões. E o que aconteceu? Os resultados foram praticamente idênticos. Ou seja, não se arriscar, não agir, tem consequências.

⟡ *Hora do jogo*. Hora de agir. Se nenhuma das opções anteriores funcionou e você ainda está apavorada, diga a si mesma que vai fazer APESAR DO MEDO. É uma frase potente que pegamos de uma menina no Novo México. Porque você não pode esperar para sempre até que o seu nervosismo desapareça. E se não desaparecer? Então *admita* que está com medo, mas *decida* agir mesmo assim. Dê de ombros e declare: "Vou fazer isso apesar do medo". Você tem o poder para conseguir.

FOCO NA CONFIANÇA

Enfim Feng acabou decidindo começar a se desafiar mais, porque ficar de pé naquele campo de softbol passou a ser muito entediante. Contar as nuvens e apenas observar enquanto outras meninas faziam jogadas empolgantes deixou de ser divertido. Ela sabia que odiava a pressão de se jogar para pegar a bola (e geralmente sem conseguir pegá-la!), então pensou: "E se eu fosse bem melhor nisso?". Ela começou a praticar, passando horas jogando uma bola contra a lateral da casa dela e correndo para pegá-la. Feng definitivamente estava se sentindo mais confortável, mas a ideia de fazer aquilo DE VERDADE em um jogo a deixava enjoada. Ainda assim, quando a menina da primeira base se machucou no meio do jogo e a treinadora fez sinal para que Feng a substituísse, ela decidiu simplesmente correr para a posição, apesar do nervosismo, sem se dar tempo para reconsiderar aquilo. Era hora de agir, mesmo com a sensação de que poderia vomitar. Ela realmente perdeu uma bola. Na verdade, perdeu várias. Mas pegou muitas outras e se divertiu horrores. E agora Feng está animada para a próxima temporada. Quem sabe talvez possa até tentar arremessar!

Feng se arriscou, se atrapalhou um pouco, mas se saiu bem. E agora, na cabeça dela, portas empolgantes foram abertas. O que ela realmente descobriu é o que esperamos que você veja também: não tem como se tornar confiante em pensamento enquanto estiver sentada na sua zona de conforto. É necessário agir e se arriscar, e, geralmente — odiamos dizer isso, então vamos deixar a tipografia bem pequena —, fracassar também.

MENINAS DE ATITUDE

Amaiya Zafar está acostumada a se arriscar e a lutar. Ela sempre foi bem pequena, então, aos 13 anos, quando contou para as amigas que ia começar a treinar boxe, elas reviraram os olhos e disseram: "Ah, tá." Como enfermeira, a mãe dela também tinha dúvidas e ficava preocupada por achar que seria perigoso. "Mas então a minha mãe viu como o boxe me ajudava a manter a cabeça erguida." Amaiya nos contou.

Além disso, não tem sido fácil para Amaiya praticar boxe de *hijab*, o tradicional véu muçulmano usado para encobrir a cabeça de mulheres, apesar de ela sempre o ter usado. Isso tem sido mais controverso do que ela havia imaginado. Amaiya foi desqualificada da rodada amadora por não tirar o traje. "O meu *hijab* é a minha coroa.

Quando desço a rua, imediatamente sou respeitada. Eu o valorizo com todo o meu ser. Sem ele, sentiria como se algo essencial estivesse faltando." Depois de dois anos de esforços, a federação de boxe dos EUA finalmente deu a ela permissão para usar o *hijab* — mas a Associação Internacional de Boxe ainda não, então ela não pode disputar em nenhum jogo de qualificação para as Olimpíadas.

Ainda assim, Amaiya continua com sua rotina exaustiva — e ferozmente competitiva — de exercícios, geralmente vencendo adversárias maiores e até homens. "Eu sempre quis ganhar dos meninos em tudo", ela ri. Amaiya espera que as batalhas dentro e fora do ringue possam servir de inspiração para outras meninas.

"O boxe é a minha vida", comentou ela. "Tudo que eu faço gira em torno do boxe. Assim como o meu *hijab* também é a minha vida. Não quero ter que abrir mão de um pelo outro."

CAPÍTULO 3

FRACASSO ÉPICO

Aquela palavra que começa com F. Dá medo em quase todos os corações, certo? Ninguém acha que deveria dizê-la. Ou falar sobre ela. Ou mesmo admitir que isso pode acontecer. Você sabe de qual palavra estamos falando

FRACASSO

Pronto. Está impressa na página, de propósito. É importante nos acostumarmos com a ideia de fracassarmos. Não por ser divertido, não vamos fingir que as pessoas gostam de fracassar — nós certamente não gostamos. Mas é um resultado natural quando nos arriscamos, faz parte do processo de construção de confiança, e vai acontecer com você, porque acontece com TODO MUNDO.

FOCO NA CONFIANÇA

Subir no palco para atuar era algo que definitivamente deixava Helen, de 12 anos, nervosa. Mas, depois de entrar no clima, ela geralmente se acalmava. E então, mais tarde, Helen se sentia incrível! Mas quando lhe deram um monólogo para a grande apresentação no fim da colônia de férias de verão, ela começou a entrar em pânico. Era tão chato e tão longo...

Helen estudou, memorizou e ensaiou por dias. Ela ensaiou até o último momento, quando se colocou diante das luzes no palco. A pessoa antes dela se apresentou e, em seguida, era a sua vez. Helen ficou de pé, abriu a boca — e nada saiu. Absolutamente nada. O cérebro dela era apenas um buraco escuro e profundo, sem nenhum lampejo daquele monólogo em lugar algum. Não era o caso de uma fala errada ou de dizer algo rápido demais ou de se esquecer de respirar. Era um pesadelo. A plateia estava cheia, a mãe dela estava filmando, mas absolutamente nada saía da boca de Helen. Tudo que ela conseguiu fazer foi apontar sem graça para a pessoa que deveria se apresentar depois dela e então cambalear para fora do palco. Helen sentia como se nunca fosse conseguir encarar os próprios pais, os avós ou seu irmão mais novo. Ela tinha fracassado em público total e completamente.

A maioria de nós já passou por um fracasso épico como o de Helen, e é terrível. Mas a sua experiência incrivelmente humilhante e dolorosa não foi inteiramente ruim.

Espere, o quê?, talvez você pergunte. *O que poderia possivelmente haver de **bom** nisso?*

Bem, de fato existem estudos científicos mostrando que, por incrível que pareça, o fracasso pode ajudar a criar situações de sucesso.

Sabemos que isso pode parecer irritante e algo típico de um adulto dizer. Porque, quando há um nó no seu estômago e a sua cabeça está martelando, e você está em queda livre na zona de fracasso, você não está pensando: "Ótimo! Mais sucesso para mim!". Mesmo estudando, você ainda se dá mal na prova; mesmo se esforçando para escrever uma redação, ainda recebe uma nota ruim; ao se candidatar para o conselho estudantil, você não vence; ao se esforçar para fazer aquela pessoa especial gostar de você, só há... fracasso, fracasso, fracasso. Existem inúmeras formas de isso acontecer, e nenhuma delas dá uma sensação boa na hora.

Mas fracassar realmente tem um lado positivo. Não é tanto o fracasso, na verdade, mas como você se recupera dele e o que aprende com isso que podem ser realmente valiosos. Tudo isso faz parte daquele processo crítico de construção de confiança do qual falamos anteriormente. As lições de fracasso ficam gravadas no nosso cérebro mais profundamente do que qualquer outro tipo de experiência; é algo que os cientistas chamam de *impressão*. Quando falhamos, podemos aprender um monte de coisas úteis, se prestarmos atenção.

 **TESTE**

Você entende o poder do fracasso?

No dia a dia, Annie tem muita dificuldade para chegar à escola no horário, pois não consegue acordar cedo. Ela costuma ir dormir muito tarde, e suas coisas ficam

Por que o jeito difícil funciona

Não está acreditando? Então veja só as palavras sábias dessas pessoas bem mais inteligentes e famosas que nós.

"É impossível viver sem fracassar em alguma coisa, a não ser que se viva tão cautelosamente que seria preferível, na verdade, nem ter vivido — nesse caso, você acaba automaticamente fracassando."
— J. K. Rowling, a incrível criadora de Harry Potter, que diz que a vida dela antes do universo dos bruxos era um fracasso épico

"A realidade é: às vezes nós perdemos. E nunca somos bons demais para perder. Nunca somos grandes demais para perder. Nunca somos inteligentes demais para perder. Acontece, e acontece quando precisa acontecer. É preciso abraçar essas coisas."
— Beyoncé, a maior pop star do mundo, que fracassou no programa de TV *Star Search* aos 9 anos

"Não tenho medo de tempestades, pois estou aprendendo a navegar meu barco."
— Louisa May Alcott, no seu incrível livro *Mulherzinhas*

espalhadas por todos os cantos, as roupas, jogadas por todo o quarto. A mãe de Annie a tira da cama todo dia e a ajuda a encontrar tudo de que precisa, e então ela entra voando na escola segundos antes de o sinal tocar. É tãããão estressante, e ela odeia chegar toda suada e ofegante.

Qual dessas opções ajudará Annie a mudar esse hábito da melhor forma?

a. A mãe dela para de acordá-la. Por três dias seguidos, Annie acaba se atrasando e recebe uma detenção. Ela fica furiosa com a mãe.

b. Annie convence a mãe a comprar um novo despertador que grava voz! Incrível; agora ela só precisa se lembrar de ligá-lo.

c. Annie elabora um plano detalhado em papel quadriculado para se organizar na noite anterior, arrumar as coisas dela e acordar de manhã. Ela vai começar na próxima semana.

Resposta: Vamos por partes

Para Annie, a opção **A**, por pior que soe, acabou sendo a que funcionou. Aqui está o que aconteceu:

Depois daqueles três dias de detenção, Annie nunca mais quis se atrasar. Ela organizou o quarto e toda noite ajusta o antigo despertador para tocar de manhã. (O despertador novo e descolado sumiu embaixo de uma pilha de roupas no terceiro dia e o diagrama organizacional elaborado nunca foi adiante.) Fracassar foi o que fez diferença.

 **TESTE**

Qual o seu estilo de fracasso? Algum soa familiar?

a. Você chora bem alto em um travesseiro macio por horas e horas. E então come um pote de sorvete.

b. Que se dane. Você nem vai pensar nessa história. Isso. Nunca. Nem. Aconteceu.

c. Você passa mal. E quer vomitar, literalmente, onde quer que esteja. E a sua cabeça dói. Argh.

d. Você se fecha no seu quarto por um tempo, mas também sabe que depois de alguns dias você e o resto das pessoas vão seguir em frente. É estranho, mas paciência.

e. Você quer se esconder, talvez em outro planeta, ou outra galáxia. Você nunca mais quer sair de casa novamente.

f. Eita! Você não esperava um fracasso tão grande, mas tudo bem. Não importa tanto assim.

Resposta: Vamos por partes

Se você respondeu **A**, **B**, **C** ou **E**, então JUNTE-SE AO TIME. É assim que a maior parte das pessoas se sente quando falha completamente. Péssima. Fisicamente doente. Ansiosa. Preocupada. Em negação.

Se você respondeu **D** ou **F**, então já começou a entender o segredo do fracasso. Ao controlar os seus pensamentos e tentar ver a situação como um todo, é possível lidar com o que quer que aconteça. Depois de fazer isso um monte de vezes, você fica mais corajosa, mais confiante e mais disposta a se arriscar.

Tente pensar assim: se você não está fracassando em algumas coisas, não está aprendendo, não está crescendo ou ficando mais forte e, possivelmente, não está se arriscando nas coisas importantes. Também não está criando diversão e aventura em sua vida. É provável que não precise se esforçar muito para se lembrar de momentos quando realmente aprendeu com o fracasso.

O fracasso vai acontecer. O segredo não é evitá-lo. Isso não é possível. O segredo é saber o que fazer com ele. E todos nós precisamos de umas dicas para superar o fracasso. Aqui está como lidar com isso e amadurecer:

TOP 10 DICAS PARA CONSERTAR UM FRACASSO

1. **SEJA A SUA PRÓPRIA MELHOR AMIGA.** Ou, pelo menos, seja gentil com você mesma. Lembre-se de que humanos falham. É um defeito de fabricação da espécie. Permita-se ficar um pouco de bobeira, se isso for ajudar, e relaxe com o que quer que faça você feliz. Sorvete é uma boa. Ou peça um abraço.

2. **MUDE DE CANAL.** O que ajuda os seus pensamentos a irem para um lugar melhor? Leia um livro. Veja TV. Escute música. Saia com um amigo. Fique abraçada com o seu gato. Pratique um esporte. Descubra um jeito de se distrair do que acabou de acontecer. Não há razão para ficar revirando isso na sua cabeça.

3. **COLOQUE AS COISAS EM PERSPECTIVA.** Pense em situações similares do passado e lembre-se de que você sobreviveu! Tranquilize-se com relação às pessoas, porque normalmente elas não estão falando de você, rindo de você ou encarando-a nos seus momentos de fracasso. Por acaso você está constantemente pensando naquela vez em que a sua amiga tropeçou e derramou leite na mesa

dos alunos mais velhos no refeitório? Você deixou a sua amiga de lado por conta disso? Pouco provável.

4. **PEÇA AJUDA.** Estudos científicos mostram que uma das melhores formas de superar um fracasso é se abrindo e compartilhando o que aconteceu. Fale com os seus pais, amigos, professores favoritos ou com um orientador pedagógico.

5. **CUIDE DA SUA CABEÇA.** Tente pensar nisso como um *contratempo* em vez de um *fracasso*, e veja a situação como algo temporário e não permanente. É um problema para ser resolvido, não uma sentença de morte. Pergunte a si mesma: "O que eu aprendi? O que vou fazer da próxima vez? O que realmente NÃO vou fazer?".

6. **CONTE COM PESSOAS QUE SIRVAM DE EXEMPLO.** Você se lembra daquela lista de pessoas exemplares que começou a fazer? Procure histórias legais de fracasso e anote-as também. Todo mundo que é alguém na vida já fracassou. Coloque o seu próprio nome ali. Liste um dos seus fracassos épicos, incluindo a estratégia para superá-lo.

7. **PENSE PEQUENO.** Assim como fizemos para aprender a lidar com riscos, divida as razões para o seu fracasso em partes menores e mais fáceis de lidar e então ataque um pedaço desses de cada vez.

8. **REPITA, REPITA, REPITA.** Um pouco de prática, fazer as coisas repetidas vezes, torna tudo mais fácil — e ajuda a proteger os nervos. Já ouviu falar em memória muscular? É quando os seus músculos fazem movimentos enquanto o seu cérebro está distraído. Isso é uma coisa boa!

9. **MERGULHE NOVAMENTE.** Assim que estiver pronta, espante a poeira e encare o fracasso de frente. Ataque novamente, determinada a não cometer o mesmo erro de novo. Quanto a outros erros... bem, podem acontecer. Mas não exatamente o mesmo.

10. **FAÇA UMA LISTA DE "PODERIA SER PIOR, MUITO PIOR".** Esse passo é essencial. É preciso manter o senso de humor quando ocorre um desastre. Pensamentos como "pelo menos não me esqueci de vestir as calças e não acabei indo pelada para a escola depois de o nosso teto cair" ou "pelo menos a minha família não apareceu em *Os maiores idiotas do mundo*" ou "pelo menos eu não mandei uma mensagem totalmente estranha para toda a turma" podem ajudar você a se lembrar de que REALMENTE PODERIA SER PIOR!

REINICIE

Como você pode ver, há inúmeras maneiras de reiniciar depois de um fracasso. Dê uma olhada nas histórias da Maria, Nell e Lizbeth, que caíram no buraco negro do fracasso daquela forma embaraçosa do tipo "de jeito nenhum quero estar nessa situação de novo". Pense em qual rota de fuga você mais gosta.

Maria está empolgada para fazer amizade com um novo grupo de meninas. Ela é conhecida por ser espevitada e engraçada, então acha que é assim que vai conquistar as novas amigas.

Durante uma conversa de grupo on-line, ela manda mensagem para Carmen, a menina que ela MAIS quer impressionar, zoando o que a amiga delas, Ashley, vestiu para ir à escola naquele dia. "Talvez por ISSO ela não tenha sido convidada para a festa do Ben. Rs." A ideia era ser engraçada, mas é também um comentário um pouco maldoso. E aí, de repente, o telefone dela explode de mensagens. Ela não mandou o comentário só para Carmen, mas para O GRUPO INTEIRO. Agora TODO MUNDO está com raiva da Maria e ela se sente odiada por todas.

OPÇÃO 1 PARA REINICIAR: Maria está desesperada, então ela decide tentar se acalmar. Ela desliga o celular (nº 2, **Mude de canal**), fica se punindo por um tempo e imagina que está condenada a uma vida solitária e sem amigas. Mas então começa a se lembrar de que outras pessoas fazem besteiras o tempo todo, on-line e off-line (nº 3, **Coloque as coisas em perspectiva**), e não ficam para sempre excluídas.

OPÇÃO 2 PARA REINICIAR: Maria está com tanta raiva de si mesma que vai jogar bola com o irmão por um tempo, pois sabe que isso vai fazer com que se sinta melhor (nº 2, **Mude de canal**). E depois? Maria decide resolver o que fazer em seguida. Certamente há uma solução (nº 5, **Cuide da sua cabeça**). O objetivo ainda é ser amiga de Carmen e de Ashley. Para fazer isso, ela decide dar um passo de cada vez (nº 7, **Pense pequeno**). Primeiro: um pedido de desculpas!

Maria diz a Ashley que sente muito, de verdade mesmo. Ela conversa com Ashley, e depois com Carmen (nº 9, **Mergulhe novamente**). É bem estranho... mas algumas semanas mais tarde as coisas voltam ao normal.

Nell é uma ótima aluna, principalmente em inglês e estudos sociais. Ela quer muito se dar bem em matemática e entrar para a turma avançada. Nell tem um tutor, treina com a mãe e se prepara para o teste de nivelamento.

Mas, no momento que o teste está diante dela, Nell sente como se alguém estivesse tentando arrancar todo o ar do seu peito. Ela não consegue mexer a mão e mal respira. Quando o professor pergunta se ela precisa de ajuda, Nell não consegue nem falar. Apenas balança a cabeça, entrega a página em branco para ele e sai da sala. Todos viram, todos sabem. Ela fracassou. Fracassou completamente.

OPÇÃO 1 PARA REINICIAR: Ao chegar em casa, Nell vai para o quarto e relaxa vendo Harry Potter enquanto come pipoca doce. Ela chora uma ou outra vez, mas diz para si mesma que está tudo bem (nº 1, **Seja a sua própria melhor amiga**). É difícil parar de pensar no que isso significa: ela é tão burra que ninguém vai gostar dela... ela nunca vai para o ensino médio... ela vai acabar sem emprego e sem teto... até ela dizer para si mesma: "PARA COM ISSO!". Nell fala para si mesma que nenhuma dessas coisas vai acontecer, então deliberadamente pede ajuda para a sua mãe, que é uma das suas heroínas (nº 4, **Peça ajuda**). A mãe de Nell descreve ter sido reprovada no teste de motorista — três vezes. Nell ri e se sente melhor (nº 6, **Conte com pessoas que sirvam de exemplo**).

OPÇÃO 2 PARA REINICIAR: Nell tenta se acalmar,
mas o fiasco do teste continua a incomodá-la. Ela sente como se só tivesse uma coisa a ser feita: continuar seguindo — mas, antes, fazer algo a respeito disso. Começando pelo início (nº 5, **Cuide da sua cabeça**). Ela decide retornar aos exercícios da prova e ver o que deu errado. Revendo-os, Nell percebe que com certeza consegue resolver as questões: esse não foi o problema. O pânico foi o problema. Ela precisa dar um passo de cada vez (nº 7, **Pense pequeno**). Em vez de ser atingida pelo peso de TODO O TESTE, ela podia simplesmente ter ido aos poucos, uma questão de cada vez. Nell quer estar pronta para a próxima oportunidade e manda um e-mail para o professor perguntando quando ela poderia tentar entrar para a turma avançada de novo.

Lizbeth é uma ótima jogadora de futebol. Como goleira, ela direciona o time ao longo do jogo, colocando cada jogadora exatamente onde ela deseja para conseguir acompanhar a bola.

No último jogo da temporada, Lizbeth está na área, indicando jogadas e passes com perfeita precisão. Então, do nada, a bola voa até ela. Suas companheiras de time correm para defender o gol, mas ela grita "É MINHA, É MINHA, É MINHA!". Lizbeth salta em direção à bola, pronta para pegá-la no ar e salvar o dia, como sempre. VUUM. A bola vai direto para o fundo da rede atrás dela. Um gol para o outro time. Fim de jogo, ela perdeu. Todas do time resmungam e caem derrotadas, e Lizbeth sabe que seu erro lhes custou a vitória.

OPÇÃO 1 PARA REINICIAR: Lizbeth só quer ficar sozinha. Ela não quer falar com as outras jogadoras ou com os pais dela e corre direto para o quarto, chorando ao chegar em casa. Mas então se lembra de algo que a ajudou da última vez que ficou chateada. Ela pega um livro, o que leva os seus pensamentos para outro lugar (nº 1, **Seja a sua própria melhor amiga**, e nº 2, **Mude de canal**). Na hora do jantar, Lizbeth conta para a mãe que ela se lembra de quando se deixou tomar um gol importante em outro jogo — bem no ângulo — e de como, por causa disso, aprendeu a defender melhor (nº 3, **Coloque as coisas em perspectiva**). Lizbeth decide pedir à treinadora para trabalhar um pouco mais com ela (nº 8, **Repita, repita, repita**) — e segue em frente.

OPÇÃO 2 PARA REINICIAR: Lizbeth se apressa e pede desculpas às colegas de time, que a abraçam, compartilhando os erros que todas já cometeram. O abraço coletivo se transforma em um festival de memórias de erros do passado, e até a treinadora acaba participando. Então todas gritam as coisas que podiam ter dado completamente errado (nº 10, **Lista de "poderia ser pior, muito pior"**). E se Lizbeth tivesse quebrado a perna? E se um tornado atingisse o campo? E se tivesse acontecido um apocalipse zumbi? Todas riem. Para Lizbeth, a bola perdida vai pairar sobre ela por um tempo. Mas o time vai jogar de novo na semana seguinte (nº 9, **Mergulhe novamente**). Voltar ao campo é a melhor coisa, porque ela vai ser tomada pelo jogo e não vai ter muito tempo para pensar nisso.

QUANDO O FRACASSO BATE COM FORÇA

Em "O grande risco de Kayla", não ter entrado para o time parece ser o maior e mais humilhante fracasso de todos. Mas, na verdade, você vai ver que Kayla percebe que foi só um contratempo, e sua atitude a leva a coisas melhores.

Ainda assim, alguns fracassos parecem, de fato, grandes demais para aguentarmos. Lembram-se da Helen, a menina no começo do capítulo, que congelou no palco? Ela passou *muito tempo* pensando que era uma idiota. O fracasso pode, sem dúvida, ficar marcado em sua mente, principalmente se você não tomar as rédeas da situação. Algumas vezes vai ser preciso **mudar o canal** *constantemente* — até mesmo usar todas as dicas que demos —, e mesmo assim pode levar muito tempo.

Por incrível que pareça, Helen acabou voltando ao palco. Os pais dela a ajudaram, indicando inúmeras oportunidades de atuação. Finalmente, ela começou a pegar pequenos papéis na escola, e até se inscreveu para um curso técnico de artes performáticas. E passou! Helen ainda fica superansiosa antes de subir ao palco, mas a repetição ajuda. Geralmente ela se acalma quando se lembra que já viveu o pior fracasso de todos — e sobreviveu! Ela ainda erra umas falas aqui e ali, mas está construindo sua confiança.

Use esse controle remoto ótimo e útil para mudar o canal na sua cabeça

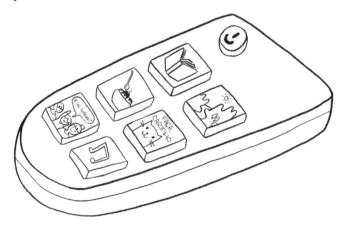

O GRANDE RISCO DE KAYLA, PARTE 2

MENINAS DE ATITUDE

Olivia Lee, de 16 anos, é líder da aliança hétero-gay na escola dela. Olivia é coreano-americana e sempre sentiu que não se encaixava no estereótipo típico de meninas asiáticas. As pessoas frequentemente presumem que meninas asiáticas são caladas, esforçadas, excelentes alunas — particularmente em matemática —, e que são um pouco tímidas e delicadas. Olivia é muito corajosa e assertiva. Houve momentos em que pessoas não foram legais com ela pelo fato de ela ser diferente, e isso machucou os seus sentimentos.

Olivia decidiu começar um grupo de empoderamento para meninas asiáticas do ensino fundamental de sua escola. Ela queria que fosse um lugar onde as meninas pudessem se abrir e fazer barulho, ou que pudessem reclamar sobre os pais e os deveres de casa. Olivia montou apresentações para contar tudo isso para as meninas, mas, no fim das contas, ninguém se inscreveu. Ninguém. A princípio, ela ficou chateada. Então, depois de um tempo, ao separar as coisas por partes, Olivia começou a perceber que, em sua empolgação, provavelmente tinha falado mais do que ouvido, e também que havia fracassado em mostrar para elas o quanto o grupo poderia ser poderoso. Ela está trabalhando em uma mensagem mais inclusiva e que enfatize o pensamento de que ninguém precisa se encaixar em um estereótipo. "Nós somos suficientes", diz Olivia.

Em vez de pensar na falta de inscrições como um desastre gigante e esmagador e desistir, Olivia percebeu que poderia começar a se planejar para o próximo ano, tentando de novo com o que aprendeu. Pode ter sido um fracasso da primeira vez, mas ela está decidida a transformar isso em combustível para ajudar meninas mais jovens.

CAPÍTULO 4
TORNE-SE CRÍTICA

ROUPA DE GINÁSTICA

ROUPA DE GINÁSTICA

FOCO NA CONFIANÇA

Della mal conseguia esperar para ir à imensa loja de artigos esportivos que acabara de abrir. Conforme começou a procurar coisas para experimentar, ela acabou indo para a seção masculina — algo que costuma fazer. Della não curte as roupas de ginástica cor-de-rosa ou roxas ou os shorts curtos que são os preferidos de muitas meninas. Mas então ela começou a notar as imagens gigantes dos atletas nas paredes. Incrível! Só que... Os meninos nas fotos estavam todos em poses de ação: arremessando bolas, driblando, jogando, pulando, suando. As meninas, por outro lado, estavam só... posando. Uma delas estava com uma das mãos na cintura e com uma expressão de quem estava flertando com a câmera. Algumas meninas estavam correndo, mas não pra valer — não havia nenhum suor, nenhuma intensidade. Della sentiu aquela familiar sensação de frustração, como se tivesse sido diminuída. Ela tentou deixar aquilo de lado, encontrou uma roupa maneira e foi em direção aos tênis.

Della achava que jamais tinha visto tantos tênis de basquete. Chamativos, simples, com velcro, com cadarço, brilhosos, multicoloridos — maravilhosos! Os pés dela eram grandes demais para os modelos infantis, mas pequenos demais para os masculinos, e, quando perguntou onde ficava a seção feminina, ela ouviu algo chocante. TODOS os tênis naquele andar eram para HOMENS ou para crianças. Aparentemente a loja física não tinha nenhuma coleção feminina de tênis de basquete: estavam disponíveis apenas on-line. A princípio, Della achou que era uma piada. Então uma onda de fúria tomou conta de sua mente. O que era aquela.... "Qual o problema desse pessoal? O que eles pensam a respeito de meninas e mulheres? Será que não percebem que nós também jogamos basquete?"

Você já teve alguma experiência assim? Ou notou algo que parece meio injusto na forma como o mundo vê meninas e mulheres? Pessoas a tratam de forma diferente por você ser uma menina? (Talvez você seja mais bem

Jogo limpo!

Em 1972, uma lei revolucionária nos Estados Unidos, chamada Título IX tornou ilegal que as escolas e universidades públicas americanas gastassem mais dinheiro em times esportivos masculinos do que femininos. Antes disso, havia menos times escolares femininos, e bem menos jogadoras. Às vezes as meninas não tinham nem bola ou uniforme. Em todo o país, havia apenas 300 mil meninas praticando esportes nos últimos anos do ensino médio e no ensino superior. Hoje, mais de 40 anos depois, há mais de 3 milhões. Sem as mesmas oportunidades e, mesmo não sendo fácil, elas mudaram isso ao aprovar essa lei. Que diferença! E tem mais. Atualmente, nos Estados Unidos, meninas que praticam esportes de equipe têm mais chances de se formar na faculdade e de trabalhar em áreas predominantemente masculinas, que tendem a pagar maiores salários. Geralmente elas são mais resilientes e mais abertas à experiência de ganhar e perder. Mesmo assim, meninas ainda desistem de praticar esportes com mais frequência do que meninos durante a adolescência, quando a preocupação e o desconforto podem ser sufocantes. Por favor, não desista! Persistir é importante.

tratada de vez em quando. Professores tendem a favorecer meninas, porque é menos provável que elas arrumem confusão e geralmente têm as notas melhores na escola. Vamos voltar a isso depois.) Você pode não ter tentado comprar um tênis de basquete, mas provavelmente consegue entender qual foi a sensação vivida por Della.

O PODER DA OBSERVAÇÃO

Parte da sua habilidade para se sentir confiante não vem de dentro de você. Vem da maneira como o mundo funciona e como isso a afeta. Às vezes podemos mudar a nossa cultura. Mas a coisa mais importante a se fazer é NOTÁ-LA. Estamos frequentemente usando a palavra "notar" porque essa é uma habilidade essencial para se tornar alguém confiante. Quando você olha para o mundo, ser capaz de notar as coisas ajuda a entender que aquilo que você sente não é aleatório, que você não está sozinha com esses sentimentos e que pode até mesmo conseguir agir positivamente. Tornar-se crítica coloca o poder de volta em suas mãos.

Naquela cena com Della na loja de artigos esportivos, por exemplo, ela sabia que a sua frustração não estava errada nem era boba. O problema não era ela; o problema era a loja e a cultura em que vivemos, que fez parecer que não há nada errado em decorar e encher o ambiente com produtos de forma tão desequilibrada. Ela tem o direito de encontrar um tênis que possa experimentar. E, agora, Della pode decidir se quer fazer alguma coisa a respeito disso — como postar algo nas redes sociais ou escrever uma carta ao CEO da empresa.

AQUECENDO A CONFIANÇA

Olhe em volta. Essas são situações que algumas das meninas com quem falamos notaram. Independentemente de essas coisas frustrarem você pessoalmente ou não, pense a respeito delas por um minuto.

- Meninas são chamadas de "mandonas" ou "insistentes" ou "desagradáveis" com mais frequência do que meninos quando falam ou se posicionam.
- Meninas ganham mais roupas, acessórios de cabelo ou bichos de pelúcia de aniversário ou de Natal. Meninos ganham mais jogos e bolas.
- Lojas de brinquedo geralmente separam brinquedos em seções masculinas e femininas. Há mais bonecas nas estantes das meninas; meninos têm mais brinquedos de montar. A seção feminina é um mar cor-de-rosa.
- A imagem universal para uma mulher na sinalização do banheiro é o contorno de uma menina de saia.
- Professores e treinadores fazem piadas como "Meninos sempre vão agir como meninos."

Temos aqui uma situação bem normal, mas ainda assim... há algo estranho sobre ela.
Gigi está viciada em uma dessas séries médicas. Há uma equipe de quatro médicos: dois homens, Dr. Scott e Dr. Gregory, e duas mulheres, Dra. Runner e Dra. Hernandez. A série é sobre um mistério

médico assustador. O Dr. Scott e o Dr. Gregory acabam tendo uma grande discussão sobre isso e quase matam o paciente, mas, no último minuto, descobrem a cura. Enquanto isso, a Dra. Runner, que é totalmente a fim do Dr. Scott, escuta vários conselhos cômicos da Dra. Hernandez.

O que há de errado com essa história?

Dois médicos homens e duas médicas mulheres. Ótimo. Certo? Errado. Porque qual é de fato a história? Para as mulheres, é sobre o romance. Para os homens, é sobre o trabalho. Se você notou isso, mandou bem!

SIM, ESSAS COISAS ACONTECERAM MESMO!

◊ Em 2016, as edições de setembro das revistas *Boys' Life* e *Girls' Life* eram totalmente diferentes. A capa da revista para os meninos tinha manchetes como "Explore o seu futuro" e "Aqui está como ser o que você quer ser" e ofereciam opções de carreira como astronauta e bombeiro. A capa da revista das meninas prometia a verdade nua e crua sobre "O cabelo dos sonhos", como "Acordar bonita", "Regras de amizade", "O meu primeiro beijo" e "O check-list do novo jeans".

◇ A loja de departamento Target apresentou uma nova camiseta para meninas com uma lista de afazeres da Batgirl estampada. Era cor-de-rosa e dizia: "Lavar o uniforme a seco, lavar o Batmóvel, combater o crime, salvar o mundo." Nessa ordem.

◇ Em 2016, a Gap lançou uma propaganda com a foto de um menino e uma menina. O garotinho estava vestindo uma camiseta com a foto de Albert Einstein, e o texto da propaganda dizia "pequeno acadêmico". A menina vestia um suéter com a letra G acompanhada do texto "supersociável" e "a mais falada do parquinho".

COMO MENINA

Você deve ter ouvido algumas dessas coisas:

✪ Não seja tão menininha.

✪ Você arremessa como uma menina.

✪ Você joga como uma menina.

✪ Não chore como uma menina.

✪ Você fala como uma menina.

✪ Você corre como uma menina.

 **TESTE**

Quando as pessoas acrescentam "como uma menina" depois de um verbo, isso é:
  a. Algo atencioso, pensado para que todos saibam o quanto meninas são fortes e poderosas?
  b. Algo mais próximo de um insulto, dando a entender que fazer uma coisa como uma menina é inferior?

Resposta: Vamos por partes

Nós achamos que você sabe qual é a resposta certa.

Meninas são fortes e poderosas, são tão boas quanto meninos (e frequentemente até melhores) em todo tipo de coisa. Mas existem por aí algumas antigas pressuposições de que meninas são, de certo modo, mais fracas, ou menos competitivas, ou mais bobas.

Nos últimos anos, no entanto, as pessoas realmente começaram a notar o uso dessas palavras em particular e decidiram fazer algo a respeito. Elas se reapropriaram da frase e a tornaram incrível. Dê uma olhada nas hashtags **#likeagirl** e **#comoumagarota** nas redes sociais e veja o que significa agora!

Comece a olhar ao redor em busca de pistas sobre como meninas e mulheres são tratadas de forma diferente. Não se deixe definir pela versão de mais ninguém do que você deveria ser.

FOCO NA CONFIANÇA

No sétimo ano, Jamie deveria escrever um texto sobre alguma coisa com a qual ela se sentisse envolvida. Ela escolheu se concentrar no abuso sofrido por mulheres. Embora seja um assunto triste, Jamie acreditava que era necessário esclarecê-lo. Ao levar a apresentação para a escola, o seu professor se recusou a aceitá-la. Por mais que outros alunos da turma tivessem falado sobre temas explícitos e violentos, como abuso de animais, genocídio ou canibalismo, o texto de Jamie foi considerado "inapropriado" por ser muito "avançado". Além disso, alguns professores estavam preocupados que pudesse soar "ofensivo" para os meninos da turma. Então ela teve que recomeçar o trabalho. E isso não foi um incidente isolado: Jamie é constantemente assediada na escola por expor as suas opiniões — e todos os xingamentos têm a ver com o fato de ela ser menina.

AQUECENDO A CONFIANÇA

Vamos começar a aprimorar os seus poderes de observação. Pense nos seguintes cenários, converse sobre eles durante o almoço com as suas amigas ou pegue o seu telefone e crie um grupo para trocar ideias.

♦ Em filmes de ação, quem geralmente protagoniza todas as batalhas e aventuras maneiras? O que as meninas/mulheres estão fazendo? O que os meninos/homens estão fazendo?

♦ Se você tiver irmãos, que tipo de tarefa doméstica eles fazem? Que tipo de tarefa você faz?

♦ Quando você encontra amigos dos seus pais, costuma receber mais elogios sobre a sua aparência e o quanto a sua roupa está bonita, ou sobre algo em que você é boa ou algo que você fez?

♦ Em festas de criança, há temas diferentes para meninas e meninos?

- Da próxima vez que estiver em um consultório médico, folheie uma revista de esportes. Conte quantos atletas homens você vê. Depois conte as atletas mulheres.
- Folheie uma revista de notícias. Quantos artigos são sobre coisas que homens fizeram ou sobre líderes homens? Quantos são sobre mulheres?
- Há ocasiões em que você reflete sobre se é adequado fazer algo por ser uma menina?

A vida nem sempre é justa. As situações nem sempre são iguais para todo mundo em todos os momentos. Mas, se você se tornar crítica, terá o poder de saber que nem tudo é culpa sua, e isso pode te incentivar a agir!

MENINAS NO MUNDO

Aqui estão algumas histórias que ouvimos sobre coisas que meninas notaram. Quando você começar a observar o mundo ao seu redor, ficará mais fácil desenvolver uma voz própria e formar as suas opiniões.

Ellie, de 11 anos, é cuidadosa com relação a levantar a mão em aula. Ela pensa sobre a resposta antes de estender o braço no ar. Ela quer se certificar de que tem algo de valor para dizer. Mas os meninos na turma dela tendem a erguer a mão constantemente ou a dizer em voz alta qualquer coisa que venha à cabeça deles, mesmo que isso signifique falar por cima dela ou de outra pessoa. Às vezes a professora os manda esperar a vez deles, mas diversas vezes ela ri, como se isso estivesse além do controle dela, e usa os comentários gritados por eles para ajudar a guiar a conversa. E aí Ellie se sente uma idiota sentada lá, com a mão levantada, seguindo as regras.

O que Ellie notou?

Para Ellie, parece que existem padrões diferentes para meninas e meninos. Ela escuta as regras e as segue, enquanto alguns meninos não prestam muita atenção ao que eles "deveriam fazer". Da próxima vez, talvez ela diga "Ei, eu estou falando!" caso seja interrompida, ou talvez continue balançando a mão até conseguir falar.

Patricia joga basquete em um monte de ligas diferentes. Numa noite dessas, no treino, a técnica disse ao time para se sentar na arquibancada porque elas tinham convidados especiais, representantes de uma grande marca de artigos esportivos. E entre eles havia uma ex-jogadora profissional! Patricia estava superempolgada para saber como é estar no auge, jogando em grandes arenas, e quem sabe pegar algumas dicas para ter uma mentalidade vencedora. Em vez disso, o representante esportivo e a jogadora falaram sobre como continuar com a sua melhor aparência durante o jogo e exibiram amostras de roupas esportivas estilosas e de maquiagem à prova d'água.

O que Patricia notou?

Para Patricia, *jogar* da melhor forma é mais importante do que ter o melhor look. Ela não se importa se está ou não com uma roupa legal. Para ela, o importante é vencer. Foi como se estivessem dizendo a ela que a sua aparência é tão importante quanto o seu desempenho no jogo, e isso foi decepcionante. Por acaso meninos recebem dicas de como ficar bonitos enquanto competem em algum esporte?

Códigos de vestimenta são MUITO problemáticos para muitas meninas, incluindo Cammie, de 13 anos. Ela já recebeu advertências e uma detenção por ter vestido um jeans de cintura alta e um top cropped (porque, ao se curvar, as costas dela aparecem), por estar de legging esportiva e por deixar a alça do sutiã aparecer ao usar uma regata em um dia quente. Enquanto isso, os garotos andam pela escola com as calças caídas e a cueca aparecendo o tempo todo. O código de vestimenta das meninas é imposto com mais rigor porque a escola não quer que os meninos sejam "distraídos".

O que Cammie notou?

Para Cammie, o código de vestimenta não parece justo — ela acha que estão exigindo um padrão mais rigoroso das meninas do que dos meninos. O que você acha?

AQUECENDO A CONFIANÇA

Pegue o seu celular ou o telefone dos seus pais emprestado. Meninas no mundo inteiro usam DIVERSOS emojis todos os dias — tipo, mais de um milhão, na verdade. Dê uma olhada: por acaso os emojis estão capturando todas as coisas incríveis que meninas fazem? Recentemente, as pessoas começaram a notar que os emojis para meninas eram bem toscos: princesas, noivas, dançarinas, meninas com orelhas de gatinho?

EMOJISMO

AS MENINAS EXIGIRAM EMOJIS MELHORES!

Isso inspirou um movimento para que tivessem emojis de meninas FAZENDO todo tipo de coisa. O que você vê na sua tela? Você e as suas amigas estão representadas nessas imagens?

ESTEREOTIPAR

Essa é uma palavra útil para se saber. Você provavelmente a ouve com frequência. O seu significado tem a ver com pressuposições simplistas, e geralmente erradas, feitas a respeito de um grupo de pessoas em particular. Isso acontece por um motivo. É fácil, às vezes, colocar pessoas em grupos com base na aparência, na raça, na etnia, na nacionalidade, na profissão, na cor do cabelo, no gênero — em quase qualquer coisa — e acreditar que elas são similares pode dar uma sensação de conforto. Mas sempre que presumimos que pessoas em um grupo são iguais, isso pode gerar confusão. Meninas não são todas iguais, meninos não são todos iguais, professores não são todos iguais, pais... Estão vendo aonde queremos chegar com isso?

Estereotipar pode causar muitos danos. Pode colocar você *dentro* de uma caixa desconfortável ou mantê-la você fora do lugar ao qual pertence. Foi isso que aconteceu com Zena.

FOCO NA CONFIANÇA

Para a sua foto no livro de fim de ano da escola, Zena vestiu o smoking que comprou em um brechó. Ela achou que estava arrasando, mas, ao chegar ao ginásio para ser fotografada, o fotógrafo pareceu preocupado e chamou o orientador pedagógico. Ele disse a Zena que ela teria que ir para casa trocar de roupa, porque aparentemente o smoking "não era apropriado para uma menina", então ela não podia usá-lo. O orientador da escola também resmungou algo sobre não ser justo com os outros alunos que ela parecesse tão estranha no livro escolar. No fim das contas, Zena teve que voltar para casa e encontrar um vestido para usar.

AQUECENDO A CONFIANÇA

O que você observa na sua própria família?
- ◊ As pessoas tratam a sua mãe e o seu pai de forma diferente por causa do gênero deles?

- ◊ Por acaso mecânicos falam mais com o seu pai do que com a sua mãe?
- ◊ Se você mora apenas com um dos seus pais, talvez tenha notado que ninguém acha que o seu pai sabe cozinhar ou que ninguém acha que a sua mãe pode consertar um vazamento.
- ◊ Quando você sai para comer com adultos, quem paga a conta?
- ◊ Se você tem irmãos, as pessoas fazem diferentes perguntas para eles e para você?

Maya nos contou que mesmo aqueles pais com as melhores intenções podem ter expectativas mais "altas" e mais estressantes com relação a meninas.

FOCO NA CONFIANÇA

Maya, uma estudante universitária de 20 anos, lembra que seus pais sempre esperaram que ela fizesse coisas muito diferentes dos irmãos. "Na adolescência, tive bastante sorte de ter pais que me deixavam ser independente. De muitas maneiras, era ótimo! Percebi que quanto mais mostramos que podemos fazer coisas sozinhas, mais os outros presumem que você consegue mesmo. Me tornei uma ótima cozinheira, por exemplo. Infelizmente isso acabou virando um problema. Se você sempre tira 10, ninguém fica impressionado com outro 10, certo? Como eu era capaz de ajudar a cuidar da minha irmã mais nova, os meus pais começaram a presumir que eu sempre arrumaria tempo para isso, e para ajudar o meu irmão com o dever de casa, e para cozinhar alguma coisa. No começo, não tinha problema. Mas depois de um tempo passou a ser estressante sempre ter que cuidar dos outros antes de começar o meu próprio dever de casa ou antes de sair com os meus amigos. Quanto mais eu ajudava, mais os meus pais pediam ajuda e mais falavam sobre como era ótimo ter uma filha 'tão confiável' e 'prestativa'. Comecei a sentir que a opinião deles com relação a mim dependia de eu sempre ser 'prestativa.'"

"Agora percebo que poderia ter falado para os dois que era demais para mim. Afinal, os meus dois irmãos diziam 'não' o tempo todo. Mas eu nunca senti que podia fazer isso. Eu adoraria voltar e dizer para o meu 'eu' adolescente que defender a sua própria felicidade não é egoísmo nem fraqueza, e sim, na verdade, uma coisa bem corajosa de fazer."

MULHERES NO MUNDO

É importante observar o mundo adulto com um olhar crítico também. Nos últimos anos, o mundo inteiro está prestando muito mais atenção a isso e a como as mulheres são tratadas. Aqui estão alguns fatos para você começar.

Você deveria saber:
- ✬ Meninas têm um desempenho melhor do que meninos na escola em qualquer idade e disciplina.
- ✬ Países com mais igualdade de gênero são mais ricos e têm economias mais saudáveis.
- ✬ Empresas com mais líderes mulheres ganham mais dinheiro.
- ✬ Como membros do Congresso, mulheres são legisladoras mais eficientes porque aprovam mais leis e trabalham com opositores com maior frequência.

Você TAMBÉM deveria saber:
- ✬ Em outubro de 2017, de quase 200 países, apenas 11 chefes de Estado e 12 chefes de governo eram mulheres.

- ✯ Apenas 25% dos postos de trabalho em ciência, tecnologia, engenharia e matemática (STEM, como as áreas são conhecidas na sigla em inglês) nos Estados Unidos são ocupados por mulher.
- ✯ Mulheres recebem apenas 83% do que os homens recebem, independentemente da área na qual trabalham. Então, para cada dólar recebido por um homem, uma mulher recebe 83 centavos, fazendo o mesmo trabalho.
- ✯ No Congresso americano (a Câmara dos Deputados e o Senado), há 535 membros. Atualmente, apenas 105 são mulheres.

Mas o público está começando a notar:

- ✯ Recentemente, uma das poucas mulheres no Senado americano foi publicamente silenciada duas vezes por um dos seus colegas homens enquanto ela questionava o procurador-geral adjunto dos EUA (que também é homem). Grande parte do público ficou enfurecida, a mídia fez cobertura do acontecimento, e mulheres por todo o país trouxeram à tona histórias semelhantes de silenciamento cometido por homens.

✦ Outra senadora foi literalmente calada em uma sessão do senado enquanto tentava ler uma carta histórica. Mulheres de todos os lugares ficaram com raiva. A história serviu de inspiração para um livro infantil.

✦ Uma grande física era a única mulher em um painel no festival World Science. O moderador da mesa a interrompeu continuamente. Uma pessoa da plateia finalmente disse a ele para parar com aquilo. O festival chamou mais atenção por causa da interrupção do que pela ciência.

✦ Um coro crescente de mulheres corajosas em todo tipo de emprego tem se posicionado, frequentemente arriscando o seu meio de sustento para falar abertamente sobre abusos nos locais de trabalho.

Todos os dias, mulheres no mundo inteiro estão fazendo coisas corajosas.

CONFIANÇA EM AÇÃO

A major-general Jessica Wright é uma das mulheres de patente mais alta no Exército americano. Apesar de ser bem-sucedida em um mundo de generais e de majores durões — a maioria homens —, ela consegue ser totalmente ela mesma. E manda muito bem.

Jessica se tornou a primeira mulher a comandar uma brigada de combate do exército. Mesmo assim, ela ainda se lembra de quando era uma tenente novata e um dos superiores disse na cara dela que ele não era a favor de mulheres no Exército. Nada a favor. "Havia 500 coisas passando pela minha cabeça", disse ela. "E eu olhei para ele, juntei a minha coragem e respondi: 'Pois agora o senhor tem uma oportunidade para superar isso, Comandante'". Deu certo. Ela conquistou o respeito daquele homem e a carreira dela ascendeu.

Nós não temos todas as respostas, só queremos que você saiba que a sua confiança pode ser abalada por coisas que fogem ao seu controle. Converse com as mulheres na sua vida: sua mãe, suas tias, professoras, treinadoras, ou quem quer que seja. Faça perguntas para que você esteja armada com informações úteis que a tornem mais forte.

MENINAS DE ATITUDE

Shiloh Gonsky, de 14 anos, é receptora de beisebol há nove anos. Quando ela começou a jogar, havia um monte de meninas no time. Já com 12 anos, havia apenas umas poucas. Agora, Shiloh é a única receptora menina na faixa etária dela e uma das únicas três jogando na divisão.

Quando era pequena, o gênero de Shiloh não tinha importância. Mas, conforme ela foi crescendo, os pais e os outros jogadores começaram a encará-la. Ela recebeu diversos conselhos (que não havia pedido) para trocar para softbol, como outras meninas. "Não quero parar de jogar beisebol — eu amo esse esporte. Não quero jogar com uma bola maior e mais macia em um campo menor." Mesmo nas áreas de prática em uma colônia de treino séria durante a primavera, ela estava consciente de colegas mais velhos olhando e apontando. Mas Shiloh não pretende desistir. Ela acha que jogar beisebol lhe deu confiança para fazer diversas coisas, e espera principalmente que, ao insistir em ficar, torne isso mais normal para outras meninas. "Não quero que seja motivo de surpresa que uma menina jogue beisebol. Quero provar que tenho valor e mostrar que meninas podem jogar."

JUNTANDO AS PARTES DO CÓDIGO

Os capítulos que você acabou de ler apontam para a primeira parte do código: *Arrisque mais!*

1. Arrisque mais!
2. _____
3. _____

Esperamos que, ao ver essas duas palavrinhas, elas façam você se lembrar de todas as razões pelas quais precisa ser uma Menina de Ação. O risco é uma grande parte da construção da confiança. É preciso experimentar coisas, todo tipo de coisa, mesmo fracassando às vezes, para começar a aumentar o seu estoque de confiança.

CONFIANÇA DE DENTRO PARA FORA

ALEX VS. O CÉREBRO DELA, PARTE 1

CONTINUA...

CAPÍTULO 5
VOCÊ E O SEU CÉREBRO

OK, é hora de uma confissão. Meninas e mulheres, às vezes, tendem a superanalisar as coisas. Nós parecemos nos preocupar frequentemente com termos estragado as coisas, ou achando que tudo está terrível. Como Alex em "Alex vs. o cérebro dela", é possível ter um pequeno pensamento estressante que rapidamente se torna a certeza absoluta de que você é uma pessoa esquisita e que todos a estão encarando. Ou talvez isso não deixe você particularmente chateada, mas existe a preocupação com a sua melhor amiga por ela já não estar tão próxima quanto antes, ou a preocupação com ter deixado todo o elenco da peça teatral da escola na mão por você ter perdido a deixa para entrar no palco.

Psicólogos chamam isso de *ruminação* — quando pensamentos ficam dando voltas na sua cabeça e você se sente como um hamster frenético preso em uma roda. Chamamos isso de superanalisar. Você provavelmente chama isso de estar presa com os PIORES pensamentos do mundo que nunca vão embora. De toda forma, é uma droga. É bem ruim. Uma vez que esses pensamentos de "eu sou a pessoa mais tosca do mundo" entram na sua cabeça, boa sorte ao tentar se livrar deles. É fácil perceber por que ruminar é algo que mata a nossa confiança. Realmente não temos como sentir vontade de correr riscos quando o nosso cérebro está a mil, não é?

Só por "diversão", vamos passear por um cérebro fora de controle — talvez seja semelhante ao seu.

DILEMAS DA CONFIANÇA:
Armagedom Acadêmico

Você tira uma nota ruim na prova de fim de semestre para a qual estudou muito e cuja matéria você achava que entendia perfeitamente. E, pior ainda, todos os seus amigos se saíram bem. Se dar mal nessa prova é, sem dúvida, pior do que um meteoro destruindo a Terra.

Vamos rever esse cenário direito e experimentar a agonia por um tempinho. Ei, pelo menos vamos fazer isso juntas!

O seu professor distribui as provas com as notas. Os outros alunos parecem contentes, incluindo a menina com quem você estudou. Ok, isso é um bom sinal. Então ele coloca a sua prova na sua frente e, escrito no topo da página, há um número gigantesco e pulsante: 0. Isso é o que está acontecendo na sua cabeça:

Ai, meu Deus, passei horas estudando para essa prova. Ok. Vou me controlar. Isso que eu estou sentindo no canto do olho é uma lágrima? DE

JEITO NENHUM. Nada de choro. Por favor, por favor, por favor. Agora não. Lágrimas, parem, JÁ. Por acaso a turma toda ficou em silêncio de repente? Barulho, gente falando, qualquer coisa — preciso ouvir alguma coisa além do som do meu próprio fracasso. Será que alguém pode levar uma bronca para eu não ter que ficar sentada aqui com a sala INTEIRA olhando para mim?

Quando estamos chateadas por causa de uma nota ruim, podemos descer em uma espiral a uma velocidade vertiginosa. Você sabe como é: *Todo mundo acha que eu sou um fracasso... O meu professor pensa que eu sou um fracasso... Os meus amigos pensam que eu sou um fracasso... Sou um fracasso total... Nunca vou conseguir entrar em uma boa faculdade, talvez eu nem consiga ser aprovada no ensino médio... A minha mãe vai me matar... Talvez eu seja burra mesmo... Sempre vou ser uma total idiota em matemática.*

Por quanto tempo esses pensamentos persistem?

20 minutos?

1 hora?

6 horas?

1 dia?

3 dias?

1 semana?

2 semanas?

Culpar-se por uma nota ruim por mais de um dia é exaustivo. Quantas vezes você deixou o pensamento "eu sou inútil" invadir a sua cabeça? Quinhentas? Duas mil? Um zilhão? Por acaso esses pensamentos estão se sentindo em casa, se divertindo na sua mente, se acomodando e se espalhando?

Pois é. Isso é ruminar.

A boa notícia é: podemos fazer com que parem. Mas, primeiro, precisamos vê-los mais de perto.

EXPEDIÇÃO PARA DENTRO DO SEU CÉREBRO

O que está rolando nesse imenso órgão alojado no nosso crânio? Nosso cérebro é um centro de controle incrível. Mas também pode acionar maneiras bem loucas de pensar. É aqui que a *sua habilidade de notar* se torna especialmente valiosa de novo. Vire-se para dentro. Quando observamos os nossos pensamentos, podemos de fato modificá-los.

Só para deixar claro: não estamos dizendo para você pensar mais, nem para acrescentar mais pensamento à sua ruminação! *Observar* os próprios pensamentos é uma habilidade que os cientistas chamam de **metacognição**.

É como assistir aos seus pensamentos e sentimentos a *distância*. Ruminar é como estar presa *dentro* do tornado assustador que são aqueles pensamentos.

Dê uma olhada nos padrões mais comuns de um pensamento falho. Essas opções se parecem com você?

CATASTRÓFICA: Por acaso você pula direto para as PIORES conclusões? Imagina um desastre a cada esquina? Por acaso, no seu mundo, as pessoas nunca estão atrasadas — estão sempre mortas? As coisas ruins sempre parecem mais poderosas do que as boas? Tirar uma nota ruim, como no cenário do Armagedom Acadêmico, significa que mais notas ruins certamente virão?

LEITORA DE MENTES: Você presume saber o que outras pessoas estão pensando — especialmente quando o assunto é você? Tipo, você tem CERTEZA de que todos na turma a viram explodir em um mar de lágrimas nível Arca de Noé? Por acaso você tem quase certeza de que qualquer coisa ruim acontecendo é basicamente sobre VOCÊ, ou que as pessoas acham isso? Se duas pessoas estiverem cochichando durante a aula, TEM que ser a respeito da sua resposta idiota? Ou a respeito da sua roupa?

ESCRITO EM PEDRA: Você sente que as coisas simplesmente são o que são — que foram fixadas em um lugar? Como se não houvesse uma maneira de mudá-las? Aquela nota na redação visivelmente significa que você é burra e não há muito o que fazer sobre isso. Não teve nada a ver com esforço ou com entender o projeto — você é simplesmente uma aluna ruim. Ou, ao perder um backhand jogando tênis, você automaticamente pensa "Não sou boa nisso" em vez de pensar "Sou ruim em jogadas de backhand — preciso trabalhar nisso"?

A verdade é: **basicamente mentimos para nós mesmas, e muito.** Ser uma pensadora do tipo **catastrófica, leitora de mentes** ou **escrito em pedra** significa que você está contando para si mesma histórias muito mais loucas do que qualquer mentirinha que você tentaria usar com os seus pais ou com um amigo. Note as mentiras que o seu cérebro conta para você e como elas podem ser dolorosas.

Aqui está o motivo pelo qual esse pensamento problemático pode causar danos reais:

O que nós PENSAMOS cria o que SENTIMOS, e então isso dá forma ao que FAZEMOS.

E é aí que tudo isso se liga com a confiança. Pensar demais — ou, mais precisamente, pensar demais de forma errada — leva a sentimentos ruins e às vezes a reações precipitadas. Mas, na maior parte das vezes, isso leva a AÇÃO NENHUMA. Ficamos paralisadas ou assustadas. E ação nenhuma significa zero construção de confiança.

AQUECENDO A CONFIANÇA

Veja como uma maneira diferente de *pensar* sobre uma mesma situação pode diretamente dar forma aos seus *sentimentos* e, então, às suas *ações*.

Cenário 1

Situação: Zo, de 11 anos, trabalha duro ao se preparar para apresentar uma dança indiana tradicional em uma festa de família.
↓
Pensamentos: "E se eu fizer tudo errado e decepcionar a minha família? E se eu estragar toda a celebração? Tantas coisas podem dar errado."
↓
Sentimentos: Nervosismo, preocupação, ansiedade.
↓
Ação: Zo diz para a mãe dela que está nervosa demais e desiste. Então, na festa, ela fica frustrada ao ver a prima se apresentando quando podia ter sido ela.

Cenário 2

Situação: Zo, de 11 anos, trabalha duro ao se preparar para apresentar uma dança indiana tradicional em uma festa de família.
↓
Pensamentos: "É legal que os meus pais tenham finalmente me pedido para participar de uma tradição familiar em que

eu possa mostrar todo o meu esforço! Pode não sair perfeito, e eu estou nervosa, mas vou estar diante de parentes que me amam e me apoiam."

↓

Sentimentos: Empolgação, animação, orgulho.

↓

Ação: Zo se apresenta, comete um ou dois erros, mas sente orgulho dela mesma e recebe aplausos calorosos.

Cenário 1

Situação: Keisha é uma ótima padeira e confeiteira, e a sua professora pede que ela faça algo especial para a venda que tem como objetivo juntar dinheiro para o passeio de turma a um parque de diversões.

↓

Pensamentos: "E se todo mundo odiar os meus muffins? E se ficarem secos, ou a massa não ficar homogênea? E se não venderem? Vai ser culpa minha se não conseguirmos ir ao passeio."

↓

Sentimentos: Nervosismo, ansiedade, preocupação.

↓

Ação: Keisha prepara os muffins de forma desatenta, o que significa que uma fornada acaba queimando.

Cenário 2

Situação: Keisha é uma ótima padeira e confeiteira, e a sua professora pede que ela faça algo especial para a venda que tem como objetivo juntar dinheiro para o passeio de turma a um parque de diversões.

↓

Pensamentos: "Eu me sinto especial com o pedido da minha professora. Ela deve acreditar no meu potencial. Meus amigos adoram os meus doces!"

↓

Sentimentos: Orgulho, alegria, sensação de competência.

↓

Ação: Uma noite tranquila fazendo doces e com tempo para ver TV.

Viu a diferença quando conseguimos controlar esses pensamentos loucos?

SUA VEZ

Tente isto:

Sente-se em uma posição confortável e feche os olhos. Lembre-se de algo ruim que aconteceu com você ou de algo que você achou horrível: uma nota baixa, o comentário maldoso de um amigo, uma briga com os seus pais ou seus irmãos ou algo ainda pior do que as coisas que imaginamos. Passe um tempo com esses pensamentos negativos. Deixe-os soltos na sua mente. *Você consegue notar como, só de se lembrar deles, você se SENTE triste ou com raiva ou muito, muito mal?*

Agora tente se lembrar de algo maravilhoso. Um momento divertido com o seu cachorrinho, um comentário incrível de um professor em um trabalho seu, uma vitória com o seu time ou momentos com um amigo próximo. Tente reviver esse instante na sua mente. *Notou como talvez esteja até mesmo sorrindo, se sentindo mais calma e mais animada?*

Você produziu os dois conjuntos de sentimentos ao mentalizar especificamente esses pensamentos. Já deu para perceber por que precisamos acompanhar os nossos jogos mentais, não é?

AQUECENDO A CONFIANÇA

Comece a notar que meninos e meninas às vezes têm pensamentos muito diferentes sobre uma mesma situação. Aqui está uma história sobre dois cérebros.

*Ciara estava trabalhando em um projeto em grupo na aula de ciências. Ela achou que tinha tido uma ótima ideia para o quadro elétrico que eles estavam fazendo e contou para os colegas, então Leo disse: "Ei, não tenho certeza de que **isso** vai funcionar, mas se tentarmos **e** acrescentarmos papel-alumínio para conduzir eletricidade, aí com certeza rola!"*

Pensamentos da Ciara	Pensamentos do Leo
Ciara se sentiu magoada e ficou preocupada, achando que agora todos do grupo pensam que ela é a menina com ideias estúpidas. E, obviamente, o Leo acha que ela é uma idiota, certo?	Leo não acha que houve nada errado. Ele não acabou com toda a ideia de Ciara; apenas deu uma sugestão para fazer com que funcionasse melhor. Na cabeça dele, os dois estavam trabalhando bem juntos.

É TUDO COISA DA SUA CABEÇA

Meninas são ótimas em presumir que estão erradas. Para provar isso, aqui está um estudo científico que tem sido feito repetidas vezes, obtendo os mesmos resultados. Alunos de faculdade estavam prestes a fazer uma prova surpresa de ciências. De antemão, foi pedido que eles previssem como se sairiam. Os meninos acharam que acertariam 7 das 10 questões; as meninas estimaram 5,8 de 10. Em seguida, todos fizeram a prova. Depois do teste, ao perguntarem aos alunos como eles tinham se saído, os meninos disseram que tinham ido melhor do que de fato foram e as meninas acharam que tinham ido muito pior. No fim das contas, todos tiraram mais ou menos a mesma nota, com meninos e meninas acertando por volta de 7 das 10 questões. Mas as meninas esperaram o pior. Por acaso isso já aconteceu com você a respeito de um teste ou com outra coisa? Com frequência, nós simplesmente não acreditamos que somos tão incríveis quanto somos. Por que isso acontece?

FACTOIDES CEREBRAIS

O cérebro de homens e de mulheres é diferente? Ficamos obcecadas com essa questão no nosso livro adulto. No plano geral, homens e mulheres, meninas e meninos, têm a mesma inteligência. Contudo, existem algumas diferenças funcionais. Lembre-se: essas diferenças não são preto no branco e não se aplicam a todo mundo, mas são comuns o bastante para fazer com que valha a pena pensar nisso.

- ♦ O cérebro de meninas e de mulheres tende a ter um córtex pré-frontal mais ativo — aquela área atrás da testa. É ali que mora a razão. Cientistas acham que pode ser por isso que meninas tendem a ser ótimas para pensar o plano geral das coisas e para resolver problemas.

✦ Meninas costumam ter fortes ligações emocionais com as memórias devido ao hipocampo, a parte do cérebro na qual as memórias são guardadas, que, nelas, é mais desenvolvido. Meninos são capazes de lembrar da mesma quantidade de coisas, mas geralmente sem a camada emocional.

✦ Meninas são muito melhores em fazer múltiplas tarefas do que meninos, porque temos maior propensão a usar os dois hemisférios do cérebro o tempo todo. Os meninos tendem a depender somente do hemisfério esquerdo, o que enfatiza pensar profundamente sobre uma só coisa.

✦ Meninas tendem a ter mais inteligência emocional (chamada de EQ) do que meninos. O nosso sistema límbico, o centro de controle emocional do cérebro, é maior e mais desenvolvido, o que nos dá a habilidade de ler bem as expressões e as emoções de outras pessoas.

✦ Há uma parte de todos os cérebros que os cientistas chamam de centro de preocupação. (Na verdade, o nome correto é giro cingulado anterior. Era de esperar que tivesse um apelido!) O centro de preocupações é bom em perceber problemas e é maior no cérebro das fêmeas.

✦ Cientistas descobriram que mais neurônios acendem no cérebro de meninas e de mulheres em qualquer momento. Os nossos cérebros parecem estar fazendo mais coisas o tempo todo.

Como o seu cérebro funciona

Muitas dessas coisas são incríveis. O cérebro das mulheres é poderoso e nos dá diversas vantagens. Mas — aqui está como nós gostamos de pensar sobre isso — acabamos encontrando problemas quando exageramos no uso de uma coisa boa demais. Por ser muito ativo e capaz, o nosso cérebro às vezes encoraja a preocupação, a superanálise, a atitude de ruminar memórias. Então nós imaginamos consequências malucas. E aí acabamos mais cautelosas, correndo poucos riscos, mais estressadas e nos divertindo BEM menos.

FOCO NA CONFIANÇA

Luna tem muitas histórias sobre superanalisar situações. Tantas que foi difícil para ela escolher apenas uma! Certa vez ela ficou doente e perdeu um teste de matemática. No dia seguinte, quando o professor de matemática insistiu para que ela fizesse o teste, Luna implorou por mais tempo para se preparar. O professor, no entanto, não quis nem saber. Como matemática é a matéria em que Luna se sai melhor, ele acreditou que ela estivesse pronta. Em vez de simplesmente respirar fundo e acabar logo com aquilo, Luna deixou seus pensamentos ZUNIREM em todas as direções, quase paralisando-a. Ela se agarrou a algo louco: fracassar de propósito. O professor tinha a política de permitir que alunos reprovados refizessem o teste. Então ela tentou pensar na resposta certa e em seguida apagá-la e colocar outra no lugar. O professor percebeu o que Luna estava fazendo e mandou que ela parasse. Erguendo o papel contra a luz, ele conseguiu ver as respostas originais e deu a ela crédito parcial, um 7. A nota mais baixa que ela já havia recebido. Se ela não tivesse superanalisado a situação, teria se saído bem melhor.

Se uma história como essa soa familiar, você NÃO é maluca e NÃO está sozinha. O cérebro pode funcionar assim tanto para meninas quanto para mulheres já feitas.

Considerando que somos tão boas em prever o futuro, vamos dar uma olhada na maior consequência de superanalisar tudo quando o assunto é confiança: não mergulhar na vida de cabeça, não se arriscar, NÃO viver todas as aventuras que poderíamos porque uma areia movediça de preocupação e dúvida nos paralisa.

FOCO NA CONFIANÇA

Para June, de 11 anos, dormir na casa dos outros e fazer viagens com a escola são coisas assustadoras. Ela tenta ficar tão empolgada quanto os colegas, mas a mente dela começa a girar e a deixa tonta. Divertir-se? Impossível imaginar. Ela não consegue deixar de pensar em todos os fatores desconhecidos: e se ela ficar doente e a mãe dela não estiver lá? E se não tiver nada para comer? E se o banheiro for longe? E se ela ficar com medo e com saudades de casa? Se alguma coisa desse tipo acontecesse enquanto June estivesse dormindo na casa de uma amiga, talvez não fosse tão ruim — pelo menos os pais dela poderiam chegar rápido. Mas em uma viagem com a escola? E se ela ficar enjoada na estrada? E se o ônibus se perder? Só de pensar nisso ela fica com dor de estômago. June acaba dizendo NÃO para oportunidades divertidas e ficando em casa muitas vezes, porque esses pensamentos assustadores e negativos bloqueiam todo o resto.

RECONECTANDO: MUDE O SEU CÉREBRO

O nosso cérebro pode criar um desvio para padrões de pensamento bem problemáticos, mas aqui está a coisa mais legal sobre ele: podemos fazer novas vias e caminhos sempre que quisermos. Cientistas de ponta descobriram que o cérebro pode de fato ser reconectado se pensarmos e fizermos as coisas de modo diferente, formando novos hábitos. Eles chamam isso de *neuroplasticidade*. Nós chamamos de incrível.

Essa habilidade para reconectar o cérebro é a razão biológica básica pela qual somos até mesmo capazes de criar mais confiança. Cientistas estudaram esse processo em muitas coisas além da confiança. Aqui está um exemplo assustador. Imaginem aquela maneira de andar levemente ameaçadora, ou perseguidora, das aranhas conforme se aproximam de uma pobre presa desavisada. Isso faz com que um calafrio desça pela sua coluna? O medo de aranhas (*aracnofobia*) é muito comum. Cientistas queriam ver se cérebros com esse medo podiam ser reconectados. Eles pegaram um grupo de pessoas com medo de aranhas, mostraram fotos e trouxeram algumas aranhas reais, tudo enquanto monitoravam o cérebro delas com equipamento especial.

Eles viram a central do medo — a amígdala — acender. Em seguida, as mesmas pessoas assustadas foram para um cômodo onde aprenderam, por exemplo, que a maioria das aranhas não é realmente perigosa nem está interessada em perseguir humanos. E então o grupo teve que se aproximar e enfim tocar em uma das maiores e mais cabeludas aranhas no planeta: a tarântula.

Depois dessas sessões, cientistas monitoraram mais uma vez o cérebro dos participantes enquanto mostravam a eles imagens de aranhas e depois o bicho de fato. Adivinhem? O centro de medo do cérebro não chegou nem perto de acender tanto. Mas o nosso velho amigo, o córtex pré-frontal — a parte do cérebro que é toda voltada ao pensamento racional — trabalhou dobrado. Ou seja, em meras duas horas, novas conexões tinham sido criadas. Isso mostra como é possível fazer rapidamente mudanças incríveis na forma como pensamos e sentimos.

CAIXA DE FERRAMENTAS PARA RECONEXÃO

Aqui está uma caixa de ferramentas cheia das melhores táticas para conectar o seu cérebro e torná-lo mais confiante. Muitas das meninas com quem conversamos dizem que já estão usando algumas delas.

CONTE PARA SI MESMA A HISTÓRIA DO "TALVEZ".

Esse é o atalho número um para construir uma ponte para sair de uma espiral negativa. Aqui está como funciona.

Digamos que você está presa em uma situação tão assustadora quanto ficar perto de uma aranha. Você não consegue parar de pensar sobre o quanto foi mal naquela apresentação oral hoje, confundindo-se ao falar dos fatos, deixando cair as suas notas e dizendo coisas fora de ordem. Você tem certeza de que todos os seus colegas de turma estão dando risinhos e jurando nunca mais deixar você fazer parte do grupo deles.

A expressão convencida que você acha que viu no rosto daquela garota irritante (vamos chamá-la de Fiona) ainda a assombra.

O que fazer:

Crie uma nova história sobre o que aconteceu, talvez mais de uma, e comece todas as frases com *talvez*.

"Talvez Fiona nem estivesse com uma expressão convencida."

"Talvez ela estivesse pensando naquela pizza horrível do almoço."

Talvez _____" (Preencha a lacuna.)

Cientistas estudaram essa técnica e descobriram que, mesmo que o "talvez" não seja a melhor explicação, mesmo que a história seja meio boba, isso funciona.

"Talvez ninguém estivesse prestando atenção porque todo mundo estava concentrado na tatuagem misteriosa daquele menino novo bonito."

Parece loucura, mas experimente. Mudar a chave e olhar de forma um pouco diferente para o que a está incomodando vai tirar você de um caminho de negatividade. Basicamente, você está *ganhando perspectiva e pensando de forma flexível*, duas habilidades essenciais para a construção da confiança.

FAÇA UMA LISTA DE REALIZAÇÕES PASSADAS, ASSIM COMO DE COISAS QUE VOCÊ ESPERA. Isso ativa o centro de prazer do cérebro e mantém o centro de medo calmo. Josie contou que ela deixa uma lista dessas — ela a chama de o seu "melhor livro" — bem ao lado da cama. Ela a pega quando se sente inútil e isso a ajuda a se lembrar de todas as coisas nas quais ela é boa e as coisas com as quais ela está empolgada. Comece uma no seu Caderno da Confiança.

VEJA IMAGENS POSITIVAS E PENSE EM COISAS POSITIVAS PARA MUDAR O SEU HUMOR. Cientistas descobriram que liberamos endorfinas — um hormônio que faz com que a gente se sinta bem — quando vemos imagens positivas. E, ao pensarmos em coisas positivas, acontece a mesma coisa. Ainda que seja apenas por um minuto! Sarita guarda no celular fotos de mulheres fazendo coisas incríveis. Quando ela está estressada, uma olhada rápida a deixa feliz!

APERTE O BOTÃO DE PAUSE. Quando Ivy sente que vai explodir, ela se obriga a apertar o "pause". Ela não faz nada por alguns minutos, forçando-se a ficar sentada quieta e a respirar profundamente. Pesquisadores passaram muito tempo estudando pessoas que pausam e controlam a respiração, além de meditar, e notaram que o centro do medo delas é muito menor.

MUDE O CANAL. Você se lembra dessa dica. É uma ótima forma de tirar o estresse do cérebro. Aria muda de assunto na cabeça dela ao ouvir música, passear com o cachorro ou praticar violino. Mudar o canal também ajuda a nossa amígdala a não perder o controle.

Gratidão e Ação

Nós falamos muito a respeito de pensamentos negativos neste capítulo. Aqui está outra ótima forma de mudar o canal: a gratidão. Cientistas descobriram que pessoas que passam a agradecer todos os dias são mais felizes e saudáveis. Pegue o seu caderno ou o seu celular e liste três coisas pelas quais você deve se sentir grata todos os dias. Podem ser três coisas que você fez bem ou três coisas legais que outras pessoas fizeram. Ou podem ser coisas como uma boa refeição, um abraço reconfortante ou uma árvore linda que você viu. Ponha um alarme diário no seu celular ou deixe a lista em um lugar que você vá ver toda manhã, para que possa plantar essas sementes na sua cabeça e expulsar as ervas daninhas.

ESCREVA PENSAMENTOS NEGATIVOS EM UM PAPEL E DEPOIS RASGUE-O OU JOGUE FORA. Cientistas descobriram que esse ato simbólico realmente nos dá sentimentos mais positivos. Natalie escreve pensamentos ruins com uma caneta grossa em cartolinas e depois rasga tudo em pequenos pedaços. Ela pode até acabar fazendo uma bagunça, mas sem dúvida se sente melhor!

FAÇA UM PASSEIO DE BALÃO. Não de verdade, embora esse passeio pudesse ser divertido! Mas a ciência por trás disso é maneira. O seu cérebro relaxa quando você tira um tempo e literalmente se imagina na cesta de um balão, subindo lentamente acima das nuvens. Primeiro, concentre-se no céu, nos campos, nas cores ao redor. E então olhe para baixo, para qualquer problema que esteja deixando você louca, como se pertencesse a outra pessoa e você só o estivesse observando. O seu cérebro está ganhando perspectiva. Quando você começa a direcioná-lo para observar coisas, mesmo na sua mente, como o céu e as cores, a amígdala (a central do medo) se acalma, e o córtex pré-frontal (central de comando racional) retorna ao controle. Stella gosta de fazer isso com a mãe dela, às vezes. Recentemente ela usou essa técnica para decidir como escolher entre o *bar mitzvah* da melhor amiga e o *bar mitzvah* do namorado, porque os dois eventos eram no mesmo dia! Depois de decolar da grama e subir ao céu, ela pôde ver que a amiga realmente precisava mais do seu apoio.

ENCONTRE UM AMULETO DA SORTE. Procure algo pequeno, algum objeto que caiba na sua mão, e carregue-o com você, pegando-o quando o seu cérebro começar a ficar sobrecarregado. Pense em três palavras para descrevê-lo e realmente se concentre nelas. Pronto — a calma retorna. Listar três palavras aciona a parte da linguagem do cérebro e ela *começa* a funcionar, o que significa — isso mesmo — que a central de medo no fundo do seu cérebro pode *parar* de se agitar. Então arrume um amuleto da sorte, algo como um clipe de papel, um elástico de cabelo, uma chave ou uma pedra polida, e o leve sempre com você.

Reconectando em ação

DILEMAS DA CONFIANÇA:
De volta ao Armagedom Acadêmico

Veja como você pode utilizar essas ferramentas de reconexão. Você se lembra daquele momento de desespero que nós mencionamos no início do capítulo, quando recebeu uma nota abaixo da esperada na prova? Uma possibilidade para parar o turbilhão na sua cabeça seria imediatamente tentar **mudar o canal**. Rapidamente, pense em qualquer outra coisa: gatos, um passeio no shopping ou, melhor ainda, coisas que você fez bem recentemente. Mais tarde, provavelmente em casa, você pode **fazer aquele passeio mental de balão**. Com a visão mais calma das nuvens, pense por que você tirou uma nota ruim. Você sabe que um 5 não é normal, então o que aconteceu? Talvez você simplesmente não tenha entendido bem aquela parte da matéria. Ou quem sabe acabe percebendo que não estudou o suficiente. Relembre os dias antes da prova e descubra quanto tempo você realmente estudou. Estava distraída com futebol, com o celular ou simplesmente olhando a vida pela janela? Quando isso estiver claro, fica mais fácil pôr as coisas em perspectiva e seguir em frente.

DILEMAS DA CONFIANÇA:
Estresse sério ao dormir na casa da amiga

Vamos ver quão bem *você* consegue lidar com o seu cérebro.

Você descobre que a sua melhor amiga, Tori, e a sua outra amiga, Sonya, marcaram de dormir uma na casa da outra e NENHUMA DAS DUAS contou isso para você. Elas não sabem que você sabe — ainda que você tenha tentado dar a elas oportunidades para serem sinceras sobre isso —, mas é superesquisito, e você se sente magoada.

Isso definitivamente é uma sensação horrível e a sua mente está indo por vários caminhos negativos. Primeiro, veja se consegue ligar os pensamentos com o tipo de forma falha de pensar que está acontecendo no seu cérebro.

Padrões de pensamento falho
- Escrito em pedra
- Catastrófica
- Leitora de mentes

Pensamentos

a. "Acabou. Nunca mais posso ser amiga da Tori e da Sonya. Na verdade, nunca vou poder ser amiga de mais NINGUÉM outra vez. Não que eu vá algum dia sair do quarto de novo. Esse é o pior dia da minha vida!"

b. "Sei que elas estavam debochando o tempo todo sobre me largar e dando risadinhas sobre o quanto eu sou boba. Obviamente, as duas estão falando de mim constantemente e esqueceram CEM POR CENTO que eu existo."

c. "Não tem nada que eu possa fazer agora, o que está feito está feito. Elas fizeram uma escolha e não me escolheram. Preciso aceitar isso e pronto. Não posso consertar o fato de as duas não quererem ser minhas amigas. Provavelmente nasci para ficar sozinha."

Respostas: Vamos por partes

a. Catastrófica; b. Leitora de mentes; c. Escrito em pedra

Todas as respostas estão repletas de lógica falha e de pensamentos negativos. E se tivéssemos uma máquina do tempo e mandássemos você de volta para reviver isso? E se você usasse algumas daquelas soluções confiáveis que listamos antes? Tente ligar a ação à ferramenta apropriada!

Ferramentas de reconexão
- Mude o canal
- Escreva e rasgue
- Conte para si mesma a história do "talvez"
- Aperte o pause
- Veja imagens positivas

Ações

a. Você diz para si mesma que talvez as suas amigas tenham passado a noite juntas porque a mãe da Sonya não queria deixar a filha sozinha em casa, aí ela ligou para a mãe da Tori porque a conhecia melhor do que a sua mãe. Ambas as meninas ficaram um pouco sem graça por ser uma situação de "uma cuidando da outra", então não falaram nada para você.

b. Você escreve todos os seus pensamentos catastróficos no computador e imprime, então amassa o papel, transformando-o em um brinquedo para o seu cachorro. Ok, agora tem uma bagunça para limpar, mas pelo menos você tirou todos eles da cabeça.

c. Você começa a limpar o seu armário ou a marcar ideias para redecorar o seu quarto no Pinterest. É muito mais saudável fazer esse tipo de desvio.

d. Você olha algumas das suas fotos favoritas — de feriados ou de animais de estimação ou de outros amigos — e se lembra de outras coisas que fazem com que você se sinta bem. Isso vai ajudar a acalmar os pensamentos e a mágoa no seu cérebro.

e. Antes de começar todo aquele exercício incrível de pular para conclusões dramáticas, você tira um minuto para deitar na sua cama e contar as rachaduras no teto.

Respostas: Vamos por partes

a. Conte para si mesma a história do "talvez"; b. Escreva e rasgue; c. Mude o canal; d. Veja imagens positivas; e. Aperte o pause.

Aprender a controlar o seu cérebro talvez seja uma das coisas mais potentes que você pode fazer pela sua confiança, assim como pela sua vida. Use as suas novas habilidades ao ler a parte 2 de "Alex vs. o cérebro dela". Você também pode voltar para a parte 1 da história e notar como o pensamento catastrófico a puxa para um buraco de ansiedade. Agora veja como focar em uma coisa pela qual ela está esperando ansiosamente vai ajudar Alex a sair dessa situação.

ALEX VS. O CÉREBRO DELA, PARTE 2

MENINAS DE ATITUDE

Cordelia Longo, de 14 anos, se viu diante de uma situação que pode ser superconstrangedora para qualquer garota: ela ficou menstruada na escola e não tinha nenhum absorvente. Ela até tentou comprar um absorvente na máquina de um dos banheiros de sua escola, em Seattle, mas a máquina comeu todo o seu dinheiro e Cordelia acabou ficando sem nada. Que vergonha. Ela teve que correr atrás de um zelador e pedir ajuda a ele. Argh.

Algumas pessoas teriam simplesmente seguido com a vida, mas Cordelia ficou enfurecida. "Meninas não escolhem menstruar", argumentou. Cordelia acreditava que garotas não deveriam ter vergonha de uma função corporal normal só porque os absorventes não são de graça ou porque as máquinas estão quebradas.

Cordelia é alguém que gosta de acompanhar mulheres que ela admira, e as histórias das suas heroínas a inspiraram a fazer alguma coisa. Ela é uma garota americana de origem asiática, e os seus ancestrais, os Iu Mien, lutaram por direitos humanos. "Isso me motivou a lutar pelos meus próprios direitos e pelos direitos de outras mulheres."

Ela começou uma campanha para fazer com que esses produtos necessários fossem acessíveis e gratuitos na escola. Cordelia fez circular uma petição e enviou os pedidos para o diretor da escola e para o conselho estudantil. Nas cartas, ela argumentou: "Assim como papel higiênico e toalhas de papel são usados para funções corporais normais, absorventes íntimos também são necessários para funções corporais normais, que acontecem naturalmente. A única diferença é que apenas meninas precisam de absorventes." Enquanto isso, Cordelia e a sua mãe encheram cestas com absorventes e as colocaram nos banheiros com frases inspiradoras. No fim, o conselho escolar concordou com ela. Agora, os absorventes são fornecidos de graça nas escolas de ensino fundamental e médio da região. Ela nos disse: "Eu só queria fazer com que a vida das pessoas — das meninas — ficasse mais fácil."

CAPÍTULO 6
AMIZADE CONFIANTE

Caindo com uma amiga

Só faça isso na companhia de verdadeiras melhores amigas!

Sabe aquele sentimento que temos quando estamos com um bom amigo — a felicidade, a alegria e o afeto especiais, além da sensação de nos sentirmos seguros por sabermos que alguém nos entende totalmente? Se você está convencida de que esse tempo passado com os seus amigos é tão importante quanto comer ou respirar, você está absolutamente certa. Cientistas descobriram que amizades nos tornam mais fortes, saudáveis e felizes. E as amizades são, na verdade, basicamente o melhor meio para testar e nutrir as nossas habilidades de confiança.

FATOS SOBRE A AMIZADE

◊ Amizades diminuem as nossas chances de desenvolver doenças cardíacas e nos ajudam a viver mais.

◊ Quando estamos com os nossos amigos, liberamos ocitocina, um hormônio que faz com que nos sintamos bem e que ajuda a nos deixar calmas e felizes.

◊ Um estudo mostrou que não ter amizades sinceras é tão pouco saudável quanto fumar.

◊ Se colocarmos uma menina em uma sala e pedirmos para ela fazer algo que detesta, como falar em público ou tocar em uma aranha, ela ficará menos estressada se tiver uma amiga lá.

◊ Meninas que têm pelo menos uma boa amiga não produzem tanto hormônio do estresse.

◊ Pesquisas mostram que o comportamento de um amigo é contagioso. Os bons hábitos de uma pessoa tendem a contagiar os amigos dela — e os maus hábitos também.

◊ O cérebro das meninas está conectado de forma a valorizar a aprovação de amigos, então se importar com o que outras pessoas pensam é normal.

NOTE: QUEM SÃO OS SEUS VERDADEIROS AMIGOS?

O primeiro passo para criar amizades que ajudem a melhorar a sua confiança é descobrir quem são os seus verdadeiros amigos. A sua nova melhor amiga está do seu lado ou, na verdade, está atravessada na sua garganta? Cercar-se de pessoas que fazem você se sentir bem e amada é uma forma de fazer com que o estoque de confiança cresça. Dê uma olhada em como Alex, Kayla e Imani agem quando Kayla precisa de apoio para o teste do time de basquete ou na maneira como as colegas de Alex a elogiam depois da sua atitude corajosa no refeitório. Isso é amizade.

Veja como as meninas com as quais falamos definiram o que é a amizade. Um verdadeiro amigo:

- *É uma companhia divertida.*
- *Quer que eu seja feliz.*
- *Se importa com o que eu me importo.*
- *Me aceita como eu sou.*
- *Se sente mal quando magoa os meus sentimentos.*

Fica feliz por mim quando eu venço.

Não me pressiona.

Guarda os meus segredos.

Tem coisas em comum comigo.

Me defende.

Me entende.

Me escuta.

Por outro lado, há pessoas que se dizem amigas, mas que fazem você se sentir mal de diversas maneiras diferentes.

Diversas meninas nos deram dicas para percebermos quando alguém NÃO é um verdadeiro amigo. Isso acontece quando alguém:

É sacana comigo.

Faz fofoca sobre os meus segredos.

Não se importa com o que eu penso.

Não me escuta.

Conta mentiras sobre mim.

Não permite que eu tenha outros amigos.

Me força a fazer coisas que eu não quero.

> *Me culpa por coisas que acontecem com ela.*

> *Ri de mim na frente de outras pessoas.*

> *Me usa para estudar ou para pegar roupas emprestadas, mas depois desaparece.*

> *É competitiva comigo.*

> *Faz com que eu me sinta mal sobre quem eu sou.*

 **TESTE**

Amigo Verdadeiro (AV) ou Impostor Total (IT)? Tente perceber a forma como um amigo de verdade agiria.

1. Você e a sua amiga compraram calças jeans novas, mas você acha que a dela não vestiu bem. Ela está empolgada com a calça, então você diz que a sua amiga está incrível!
2. Você e a sua amiga passam um tempo juntas todo fim de semana, faça chuva ou faça sol. Mas aí, em um deles, ela é convidada para dormir na casa de uma outra amiga e você não. Para piorar as coisas, ela não para de falar sobre isso, porque está superorgulhosa por ter sido convidada por uma das meninas populares.

3. Você e a sua amiga estão pensando no que fazer no sábado. Ela está animada para experimentar um lugar de escalada novo. Você prefere ver um filme, mas vocês fizeram isso no fim de semana passado, então você sorri e diz: "Partiu escalar?"

Respostas: Vamos por partes

1. **AV:** Essa é difícil, sem dúvida. Se ela estiver genuinamente pedindo a sua ajuda para tomar uma decisão, tudo bem ser gentilmente sincera. Mas se ela estiver realmente empolgada com a calça (e, como amiga, você normalmente consegue perceber isso), então faz parte dar apoio a ela!

2. **IT:** Uma verdadeira amiga não vai querer magoar os seus sentimentos, então ficar se gabando é a coisa errada a fazer.

3. **AV:** É justo revezar; você é alguém que apoia os interesses da sua amiga. Generosidade mútua — *eu faço por você, você faz por mim* — é uma parte importante de amizades.

SUA VEZ

Qual é a sua definição de amizade?

Um amigo verdadeiro _____.

Um impostor total _____.

De modo geral, meninas são ótimas amigas. (Meninos também são, mas as meninas têm todas aquelas habilidades incríveis ligadas à inteligência emocional para usar nas relações.) Ainda assim, todos nós sabemos que amizades não são sempre fáceis. Algumas chegam facilmente, e é como se vocês nadassem juntas em um rio tranquilo, sem qualquer esforço. Outras vezes, arrumar um novo amigo pode parecer assustador, e demora algum tempo até você se sentir totalmente conectada com a outra pessoa. Todas as amizades precisam de esforço. Mas criar relações fortes é essencial para a construção da confiança.

O BÁSICO DA AMIZADE

Comunicação, comunicação, comunicação. A comunicação sincera é o ingrediente mais importante das amizades com confiança. E isso não significa mandar mensagem sobre cada passo seu ou sobre cada série legal que vocês maratonam juntos. Estamos falando de comunicação de verdade, o que às vezes significa falar de coisas que nos deixam desconfortáveis. Você já se sentiu magoada? Com ciúmes ou inveja? Com raiva? Esses sentimentos tendem a ficar tóxicos e a se espalhar se você não lida com eles de frente. Abrir-se pode dar uma sensação de risco, mas apenas lembre-se de que se arriscar produz confiança.

Aqui estão algumas das principais formas de se comunicar com amigos e preparar o terreno para relações potentes e saudáveis.

1. **RECONHEÇA COMO VOCÊ SE SENTE.** Dê uma espiada dentro do seu cérebro e veja o que está acontecendo. Antes de conseguir dividir o que sente com os outros, cabe a você *reconhecer* os seus sentimentos. A primeira coisa é descobrir o que você está realmente sentindo. Digamos que a sua amiga não tenha esperado por você depois da escola como ela normalmente

Dica presidencial sobre como fazer amizades inesperadas

O presidente americano Abraham Lincoln disse certa vez: "Não gosto daquele homem. Preciso conhecê-lo melhor". O que isso significa para você? Lincoln reconheceu as limitações de julgar as pessoas antes de realmente conhecê-las. Ele sabia que podia, na verdade, encontrar algo recompensador onde ele não esperava — *caso* fizesse um esforço. Será que você está julgando alguém sem conhecer? Então aqui está um desafio da confiança: pense em alguns colegas de quem você "não gosta" e escolha um para conhecer melhor. Você pode se surpreender.

faz. Talvez você tente deixar isso para lá e ignorar os seus sentimentos. Ou quem sabe você tenha a impressão de sentir raiva. Mas, se examinar a situação com sinceridade, provavelmente perceberá que está mais *magoada*. "Por que ela me deixaria dessa forma? Morri de vergonha de ficar esperando lá sozinha por 15 minutos!" Depois que você achar que sabe como *de fato* se sente, aceite. Não diga a si mesma que é ruim estar chateada. Não tem problema ter esses sentimentos, assim como não tem problema que os seus amigos também os tenham.

2. NÃO FAÇA SUPOSIÇÕES. Você se lembra de todos aqueles pensamentos confusos sobre os quais falamos? Você não lê mentes e cada coisa ruim não é A Pior Coisa do Mundo. Só porque duas meninas estão cochichando, não significa que elas estão falando de você. Só porque a sua amiga não respondeu uma mensagem, não quer dizer que ela esteja irritada. Além disso, não presuma que os seus amigos sabem tudo. A sua amiga não pode ser culpada por não ter adivinhado que você estava morrendo de vontade de passar o dia com ela. FALE isso para ela.

3. COMECE COM "EU". Depois que você entender o que está acontecendo, conversar com uma amiga é a opção mais saudável. Não alimente um sentimento ruim por muito tempo, caso contrário, vai transbordar e acabar fazendo uma bagunça muito maior! Aqui está a melhor forma: comece com "eu". Não soa como uma acusação se você disser "Eu me senti magoada quando...",

"Eu fiquei chateada quando..." ou "Eu meio que me senti idiota quando...". Começar com "Você me magoou" ou "Você fez com que eu me sentisse estúpida" coloca a sua amiga na defensiva e aumenta as chances de a conversa se tornar uma briga. Não é isso que você quer. Em vez disso, comece dizendo como a situação fez com que VOCÊ se sentisse. Pode parecer arriscado, porque, ao usar o "eu", você estará se colocando em um lugar de vulnerabilidade. Mas, ao fazer isso, fica mais fácil de a sua amiga ser compreensiva.

4. ASSUMA O SEU PAPEL. É preciso se responsabilizar também. Será que você fez alguma coisa para ajudar a criar o problema? Pense nas responsabilidades de ser uma amiga. Você é uma boa ouvinte e está de coração aberto? Foi você quem fez uma primeira provocação e ficou chateada quando a sua amiga provocou de volta? Assuma o que você fez e diga isso em voz alta para que não pareça que está culpando alguém. Há um poder imenso em simplesmente pedir desculpas.

5. **PENSE EM UMA SOLUÇÃO.** Não será perfeita. Não é tão certinha quanto a solução de um problema de matemática, porque seres humanos não funcionam como equações. Mas pensar em um lugar positivo para se chegar depois de um problema é definitivamente o melhor passo. Normalmente isso significa achar um meio-termo. Lembre-se: boas amizades são sobre dar *e* receber.

TESTE

O que mais se parece com você?

1. Há semanas a sua melhor amiga, Lindsey, está morrendo de vontade de ir à abertura de uma loja pop-up muito legal. Vocês não falam sobre outra coisa desde que ouviram a notícia. Mas, por algum motivo, no dia da abertura, Lindsey vai com Najayah sem te contar. Você acaba descobrindo na segunda-feira de manhã quando as duas estão usando blusas novas e Lindsey não consegue olhar na sua cara. Você fica superchateada. Como responder?

   a. Que se dane. Use as mesmas armas. Lindsey está te dando gelo? Você vai mostrar a ela seu lado mais frio e gélido.

   b. Vá até Lindsey e Najayah e diga:

"Valeu, hein?! Vocês foram sem mim? Isso realmente me magoou!".

c. Vá até o banheiro e respire fundo. Jogue um pouco de água no rosto. Acalme-se. Quando vir Lindsey no almoço, sente-se ao lado dela como sempre e elogie a blusa nova. Então diga: "Ei, que ótimo que você conseguiu ir. Mas fiquei meio confusa. Achei que nós íamos juntas". Deixe Lindsey explicar o que aconteceu.

2. Você e a sua amiga Fumi fazem tudo juntas, mas recentemente ela entrou para a equipe de robótica e começou a ganhar um monte de competições. Ela fala sobre isso o tempo TODO. Fumi não pode mais sair com você porque está sempre trabalhando em novos projetos, ou está ocupada com sessões de design do novo grupo dela. Além disso, ela fica se gabando e isso está irritando você até o último fio de cabelo — como lidar com ela se achando?

a. Ignore o que você está sentindo — é vergonhoso admitir isso. Quando Fumi começar a falar e falar sobre qualquer coisa boba que esteja fazendo, engula sua irritação. Se você fingir que não há nada errado e que nada mudou, talvez isso simplesmente desapareça.

b. Claramente ela está mais interessada nos novos amigos e na fama recém-descoberta do que em ser sua amiga. Então você começa a se afastar, porque ela parece interessada em viver apenas essa nova vida.

c. Chame-a para um passeio e afastem-se de todas as outras distrações. Pense na conversa como um sanduíche: comece e termine dizendo como é maravilhoso que ela esteja arrasando em robótica e como você está orgulhosa! Então se arrisque, mesmo sabendo que isso pode deixar a sua amiga irritada: explique que você está com um pouco de ciúmes e que tem se sentido meio excluída, o que é difícil de admitir, mas que você também não quer perder a amizade dela.

3. A sua amiga Sophie é divertidíssima, mas está obcecada com o fato de vocês "serem melhores amigas". Ela compra pulseiras iguais e colares com pingente e quer fazer TUDO em dupla, até mesmo planejar as roupas que vocês vão usar. Sophie fica chateada quando você posta fotos com outros amigos, quando você não passa cada minuto do dia com ela ou quando você muda seu penteado sem consultá-la. Você não quer aborrecê-la, mas como dizer para Sophie que não dá para ficar presa apenas em uma amizade?

a. Não tem como falar nada. Você está encurralada. Além disso, é melhor ter uma amiga muito boa do que não ter amigo nenhum. Não há nada que você possa fazer; ela será como uma pedra no seu sapato pelo resto da vida.

b. Se esquive das ligações dela. "Esqueça" de responder as mensagens da Sophie. Minta sobre os seus planos para o fim de semana. É como um jogo de estratégia — seja mais esperta e fuja das tentativas dela de prender você.

c. Faça um plano sobre como conversar com ela. Ensaie o que você quer dizer para evitar deixar Sophie magoada. Diga o quanto você quer ser amiga dela, mas que você não curte rótulos como "melhores amigas". Use frases com "eu" para não soar acusatória, como "eu sinto toda essa pressão" ou "eu gosto de ter muitas amizades próximas e você definitivamente é uma das minhas amigas mais próximas!".

4. A sua amiga Vera confessa para você que está muito a fim de Sam. Vocês três voltam da escola juntos todos os dias, normalmente parando para comprar lanchinhos e dividindo o pacote ao longo do caminho. Agora que você sabe dos

sentimentos dela, você sente um clima estranho quando está com os dois. Um dia, quando Vera não vai à aula porque está doente, você faz uma piada para Sam sobre ela ter um crush secreto nele. Na hora, parecia engraçado, só que agora Sam está esquisito perto da Vera. Ela sabe que você abriu a boca e está magoada e triste.

a. Você se sente péssima e nem sabe por que fez isso. Não é nem um pouco a sua cara ser tão fofoqueira. Talvez você estivesse com um pouco de ciúmes? Ou talvez estivesse com raiva dela por mudar a dinâmica com Sam? Você está completamente perplexa, então acaba se fechando e espera que a coisa toda passe.

b. Você não consegue aguentar que Vera esteja tão magoada e acaba dizendo: "Qual o problema? Contei mesmo para Sam. Quem se importa? A culpa é sua, você nunca devia ter confiado em mim!".

c. Olhe bem para si mesma por um tempo — é esse o tipo de amiga que você quer ser? Não, provavelmente não. Então diga a Vera que você sente muito pelo que fez, com um pedido sincero de desculpas. Admita que foi uma atitude idiota e pergunte o que pode fazer para compensar.

Respostas: Vamos por partes

Se você escolheu a opção **A** na maioria das situações, pelo visto precisa chegar ao cerne do que está te incomodando. Não dá para simplesmente fingir que não há nada errado. O que a está realmente chateando? Será que você está acomodada em uma zona de conforto de negação ou permanecendo em uma amizade ruim só por costume?

Se você escolheu **B** em quase todas, então você está presa em outro tipo de pensamento falho que a leva a reagir de forma exagerada. Catastrófica até dizer chega? Leitora de mentes? Tente ir por etapas e sair de um ciclo de pensamento falho para que você possa agir certo e não de modo apressado.

Se você escolheu a alternativa **C** em boa parte das questões, então você tem facilidade de expressar os seus sentimentos e a sua abordagem para amizades é confiante, com uma disposição para ser aberta e sincera. Se você tiver respondido ao menos uma vez, isso já é um bom começo para construir amizades com confiança.

NOVOS AMIGOS, COM CONFIANÇA

Um ditado bastante conhecido diz: "Faça novos amigos, mas mantenha os antigos. Um é de prata, e o outro, de ouro." Nem sempre é fácil fazer amizades, mas é SEMPRE ótimo tê-las. O processo nos força a ficarmos mais confiantes porque se aproximar de pessoas novas pode ser assustador e arriscado. De fato, lá atrás, naquela seção sobre correr riscos, DIVERSAS meninas nos contaram que conhecer pessoas novas era o maior medo delas. Mas, uma vez que nos esforçamos, quase sempre somos recompensadas, e isso nos ajuda a desenvolver confiança. Amigos não precisam ser exatamente como você. Lembre-se de permanecer flexível e aberta a diferentes personalidades!!

Aqui está o que algumas garotas disseram sobre a arte de fazer novos amigos:

> *Não julgue. Você pode pensar que líderes de torcida são muito metidas ou que jogadores de xadrez são terrivelmente entediantes, mas provavelmente está enganada.*

> *Se você parecer uma pessoa desanimada, ninguém vai querer ser sua amiga. Tente parecer positiva!*

Pense sobre como o seu colega se sente. Se pensar apenas em você, vai ser mais difícil fazer novos amigos.

Esteja aberta a diferentes tipos de pessoas. Por exemplo, se você é atleta, nada a impede de se tornar amiga do pessoal do grupo de teatro.

Sempre seja legal com a menina nova. É bem mais difícil para ela do que para você!

Pergunte às pessoas qual a coisa favorita delas. QUALQUER COISA. Livros, música, cachorros, a cor preferida. Fazer perguntas sempre quebra o gelo.

Faça um elogio! Mas não um elogio falso. Tente fazer um elogio totalmente verdadeiro.

 **TESTE**

Madison quer ir ao cinema com a nova amiga dela, Cassie, neste fim de semana, mas isso significaria ter que ser direta e convidá-la. E vai saber o que pode acontecer: Cassie pode simplesmente ignorá-la; ela pode rir da ideia de desperdiçar o seu tempo precioso de fim de semana com Madison; ela pode estar ocupada com alguém bem mais legal. Todo tipo de resposta terrível surge no cérebro de Madison.

O que ela deve fazer?

a. Casualmente mencionar o filme para Cassie na escola. "Estou morrendo de vontade de ver esse filme no fim de semana — ouvi falar que é tãããão bom."

b. Fazer um pouco de trabalho de detetive. Falar sobre planos para o fim de semana de forma geral e esperar para ver se Cassie já tem algo planejado.

c. Encontrar um momento sozinha com Cassie e então perguntar diretamente. Seja sutil, sem pressão. No pior dos casos, ela dirá: "Nem pensar!".

Respostas: Vamos por partes

Todas as opções funcionam bem, mas algumas demonstram mais confiança do que outras.

a. Se Madison for por esse caminho, ela estará tentando, mas ficará na sua zona de conforto e deixará um espaço aberto para mal-entendidos. Se Cassie não disser nada, pode significar apenas que ela não pegou a dica. Ou ela pode querer, de fato, ir ao cinema com Madison, só que não para ver AQUELE filme.

Madison pode perder tempo superanalisando a situação simplesmente por não ter se arriscado.

b. Não é a jogada mais idiota da vida, mas ainda assim não demonstra muita confiança. Ao não se expor, ela evita se arriscar. De novo, há bastante espaço para superanalisar a situação e para mal-entendidos.

c. Essa é a opção que demonstra mais confiança. Vai ser ruim se ela disser não, mas pelo menos Madison saberá onde está pisando. Agora, tudo de que precisa é um plano caso Cassie diga não. Primeiramente, pode haver uma ótima razão; por exemplo, talvez Cassie esteja de castigo por ter roubado um banco. (Tudo bem, provavelmente não, mas, sério, vai saber? Ela acabou de chegar! É impossível dizer.) Se ela disser não, Madison não pode se deixar levar por uma onda de autodepreciação nem jurar nunca mais fazer novas amizades. Madison estava bem antes de Cassie chegar à escola. Então ela deve pegar o celular e mandar uma mensagem convidando outra pessoa para ir ao cinema!

AMIGOS TÓXICOS & AMIGOS-INIMIGOS: MATADORES DE CONFIANÇA

Digamos que você pensa que tem uma grande amiga. Vocês têm o mesmo gosto musical, curtem jogar basquete e ambas são obcecadas por quadrinhos. Um ótimo começo, definitivamente. Mas a sua amizade também tem altos e baixos: às vezes há um minuto de proximidade e dez minutos de crítica. Como pode ser tão difícil saber quando e se a sua amiga vai ser má e fazer com que você se sinta péssima? A situação se resume a isso: se ela não ama você como você é, se ela quer mudar você ou te controlar, então a sua amiga provavelmente é mais como uma amiga-inimiga. Às vezes é difícil perceber uma amiga-inimiga, e essa relação pode ser tóxica para você e para a sua confiança.

FOCO NA CONFIANÇA

Halle é amiga de Banni desde os 5 anos de idade. Agora que elas têm 12, Halle nunca sabe o que esperar ao encontrar Banni. Vai ser a Banni fofa, que a abraça e que quer relaxar sentada nos pufes? Ou a Banni má? A Banni má é sarcástica e crítica e faz com que a Halle se sinta péssima. Ela revira os olhos para as roupas de Halle ou ri do cabelo dela, constantemente soltando piadinhas.

Um dia, Banni diz algo tão doloroso sobre o jeito como Halle fala que isso a deixa arrasada. Ela tenta expressar o que está sentindo, mas Banni má explode com maldades. Halle percebe que isso NÃO é uma amizade verdadeira. É algo muito triste e negativo o tempo todo, então ela decide conversar com a mãe e bolar um plano. Halle vai encontrar Banni pessoalmente e dizer que essa coisa toda não faz bem para nenhuma das duas.

Ao ser confrontada, Banni fica furiosa, dizendo aos berros como Halle vai ser uma excluída sem ela. É horrível, mas Halle se sente imediatamente aliviada.Ela claramente está melhor longe de Banni.

Terminar amizades não saudáveis pode ser mais assustador do que encarar uma tarântula — pode ser mais assustador do que pular de uma montanha. Pode ser a coisa mais assustadora que você já confrontou, mas o veneno de uma amizade tóxica com certeza vai minar a sua confiança.

BULLYING

Todos nós conhecemos pessoas que fazem bullying — pessoas agressivas, provocadoras, sarcásticas, que adoram xingar os outros e que parecem prosperar ao fazer com que todos se sintam péssimos. Eles são menos sutis do que amigos-inimigos e geralmente impossíveis de serem evitados. Para isso, é necessário ter ferramentas.

O que é fazer bullying? Veja o que algumas meninas nos disseram:

> *Contar mentiras.*

> *Se juntar a um grupo para rir de outra pessoa.*

> *Fazer com que pessoas se sintam mal.*

> *Fingir ser legal e fazer falsos elogios por maldade.*

> *Implicar com pessoas que são diferentes.*

E aqui estão algumas formas de responder que as meninas nos passaram:

> *Não acredito que você acabou de dizer isso.*

> *Hmm... interessante — SÓ QUE NÃO.*

> *Deixe ela em paz.*

> *Não é engraçado a não ser que todos estejam rindo.*

> *Acho que você não quis dizer isso.*

Há outras maneiras de lidar com alguém fazendo bullying. Já ouviu falar de um participante ativo? Um participante ativo busca se defender e defender os outros em vez de ser apenas um espectador, que só observa enquanto alguém sofre bullying.

Como você poderia lidar com essas atitudes de bullying?

1. No refeitório, você nota que há um aluno com Síndrome de Down sentado sozinho enquanto umas meninas fazem bullying com ele, zoando o menino e mexendo no cabelo dele.

   a. Você decide que ele ficaria muito sem graça se você fosse até lá e fizesse uma cena. Então você se senta do outro lado do refeitório.

   b. Você joga o miolo da sua maçã na mesa daquelas meninas e começa a gritar com elas, ameaçando bagunçar o *cabelo delas*.

   c. Você mantém a calma, vai até a mesa do garoto e pergunta se pode se sentar ali para comer com ele. Você diz para as meninas: "Ninguém acha vocês engraçadas. Por que não simplesmente deixam a gente em paz?".

2. No banheiro da sua escola, você vê a maior provocadora da sua turma barrando a porta para Monika, que é uma menina que gosta de usar roupas

esportivas, e dizendo: "Hmm, desculpa, esse banheiro é só para meninas DE VERDADE". Você:

a. Fica na sua cabine e espera até que aquela situação acabe.

b. Dá um empurrão na menina que está fazendo bullying e a derruba no chão, liberando o caminho. Então diz para Monika: "É todo seu!".

c. Você respira fundo para permanecer calma, vai até Monika e diz: "Oi! Ignore essa menina aí, tudo que ela queria era ser tão maneira quanto você. Vou ficar esperando aqui e podemos voltar juntas para a sala de aula".

3. Depois da aula de ginástica, você percebe que Pilar derrubou todas as roupas dela no chão do chuveiro. Agora ela vai ter que vestir roupas encharcadas. Algumas das meninas populares estão apontando e rindo, então você não consegue se segurar e grita: "Ei, Pilar, precisa de um guarda--chuva?". Todo mundo ri ainda mais, mas você se sente péssima. Então você:

a. Sai furtivamente do banheiro. O que está feito está feito, não há nada que você possa fazer agora.

b. Corre para as duchas totalmente vestida. Pelo menos Pilar não será a única encharcada na sala de aula.

c. Fica péssima assim que fala aquilo. Então vai direto até Pilar, pede desculpas, pega toalhas extras no armário e a ajuda a se agachar no secador de mãos. Naquela mesma noite, você manda mensagem para se certificar de que ela está melhor e também decide passar um tempo com ela depois da próxima aula de ginástica. Desse modo, você pode segurar as roupas dela e ela as suas. Assim ninguém vai ficar com as roupas molhadas.

Respostas: Vamos por partes

Se você escolheu as respostas **A**, talvez seja importante trabalhar na forma de se colocar contra as pessoas que estejam praticando bullying à sua volta. Evitar a situação não é muito eficaz.

Se você escolheu as respostas **B**, talvez seja bom apertar o botão de pause por um instante antes de seguir em frente. Não se torne a pessoa que pratica bullying!

Se você escolheu as respostas **C**, então você tem os instintos de uma participante ativa!

Contudo, se a situação de bullying se tornar perigosa ou assustadora, você precisa avisar a seus pais, um professor, um treinador ou qualquer adulto. Isso não é o mesmo que ser dedo-duro — defender-se e defender os seus amigos é a coisa mais inteligente a se fazer.

PODEMOS CONVERSAR? LINGUAGEM CONFIANTE E O QUE FAZER E O QUE NÃO FAZER

"Quero dizer para os meus amigos como me sinto, mas tenho medo de deixá-los com raiva de mim", diz Louisa.

Não há dúvida sobre isso: ser direta pode ser difícil. Mas você precisa fazer isso, com bons amigos e com amigos-inimigos também. Que tal fazer um roteiro com algumas ideias de como transformar as emoções em sua cabeça em algo construtivo saindo da sua boca? Pegamos essas ideias das meninas que entrevistamos. Veja se elas funcionam para você.

Se você estiver chateada com alguém, mencione isso quando estiver com a pessoa. Tente algo assim:

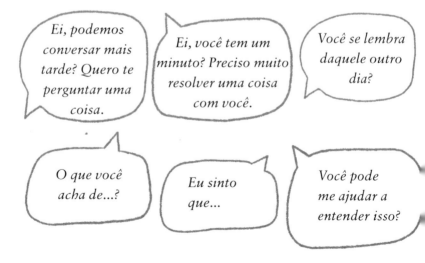

Se a sua amiga estiver fazendo algo de que você não gosta, que tal tentar uma dessas?

Eu te amo, mas não amo o que você tem falado sobre mim.

Você quer odiar a Tamara, mas eu não estou de boa em relação a isso. Podemos mudar de assunto, por favor?

Quero ouvir a sua história, mas posso, por favor, terminar a minha?

Não gostei de quando você ficou me zoando no almoço hoje. Não acho que você queria me deixar sem graça de propósito, mas foi o que pareceu.

Se você tiver que dizer não, pode tentar algo assim?

Me desculpe, mesmo. Eu adoraria, mas hoje não posso. Vamos num outro dia?

Não gosto de filmes de terror, mas que tal vermos _____?

Obrigada por pensar em mim. Mas não curto muito esse tipo de coisa. Vão vocês.

Me desculpe... mas tenho MUITO dever de casa. ARGH!

Foi mal, droga, não posso... depois me conta como foi!

Pratique essas falas e, quem sabe, mantenha a lista por perto. Ter um roteiro pronto em momentos difíceis pode realmente dar uma dose de confiança às suas amizades.

MENINAS DE ATITUDE

Aneeza Arshad, de 14 anos, sente que precisa tomar cuidado em todos os aspectos da vida, pois, embora tenha nascido nos EUA, a sua família é muçulmana e do Paquistão. Algumas das mulheres da sua família usam *hijab* e recentemente tiveram que aguentar pessoas provocando-as e encarando-as devido à religião e à cor da pele delas. Uma tia de Aneeza, que é médica em um hospital no Texas, foi derrubada no chão por pessoas que tentaram arrancar o seu *hijab*. Outras amigas dela também têm sofrido bullying. Infelizmente, Aneeza está ciente dos riscos de simplesmente ser muçulmana e andar por aí. Por anos, ela se viu tentando ser duas pessoas diferentes: uma menina muçulmana com os amigos da mesquita e uma "típica" menina americana com outros amigos da escola.

Quando ela mudou de escola, no ensino médio, as duas Aneezas colidiram — todo mundo estava de repente no mesmo campus. Aneeza se sentiu nervosa e estranha ao perceber que ela finalmente teria que ser apenas ela mesma e juntar todos os seus amigos. "Sou uma pessoa espiritualizada, por isso rezei, e também conversei com a minha mãe, que é uma sobrevivente. Ela passou por tanta coisa para estar aqui... gosto de pensar que, se ela fez isso, eu posso fazer coisas difíceis também."

Os amigos de Aneeza a apoiaram e, no fim das contas, todos se deram bem. Tendo ficado mais confiante com um grupo de amigos mais diversificado, ela e mais duas amigas muçulmanas se arriscaram para valer e começaram uma Associação de Estudantes Muçulmanos na escola. Falar de sua fé publicamente foi um pouco intimidador no começo, e foi assustador apresentar ao diretor uma proposta sobre os objetivos do grupo e o que elas esperam dele. Ainda assim, as três fizeram isso, e os amigos que não são muçulmanos as apoiaram. A AEM está começando a crescer aos poucos. No próximo ano, Aneeza espera organizar um evento inter-religioso, para que os alunos possam aprender sobre todas as religiões da escola de forma saudável e aberta.

CAPÍTULO 7
GUIA DA MENINA CONFIANTE PARA NAVEGAR NA INTERNET

QUEM DISSE QUE EU PASSO TEMPO DEMAIS MEXENDO NO CELULAR?

Redes sociais. Elas têm o poder de mexer com a sua confiança como quase nada mais. Estão literalmente por todos os lados, o tempo todo, julgando, seduzindo, excluindo e esperando. Ampliam tudo, de amizades a pensamentos, a mil por hora, de riscos a frios na barriga, para a potência de zilhões. Uma relação saudável com a vida on-line é superimportante — porque as redes sociais podem tanto ser o maior buraco negro da confiança quanto um novo universo a ser explorado para melhorá-la.

VERIFIQUE O SEU STATUS

Você está cercada de celulares, tablets e computadores desde que nasceu. Algumas de vocês talvez já tenham smartphones. Outras podem não ter acesso a isso ainda. TODAS vocês precisam estar cientes, no entanto, do que o mundo virtual pode proporcionar.

 **TESTE**

Teste a sua inteligência de tela. VERDADEIRO OU FALSO?

1. 90% dos adolescentes estão on-line todos os dias.
2. 10% dos jovens dizem que se sentem viciados nos seus celulares.
3. A maioria dos adolescentes não vê problema em compartilhar coisas demais na internet.
4. A maioria dos adolescentes acha que pode ser mais "eles mesmos" e mais "autênticos" on-line.
5. 1/3 de todas as fotos privadas enviadas ou compartilhadas se torna público.

Respostas: Vamos por partes

1. Verdadeiro. Na verdade, 92% dos adolescentes estão on-line todos os dias.
2. Falso. 50% dos jovens se sentem viciados em seus celulares.
3. Falso. 82% acham que o compartilhamento excessivo é um grande problema.
4. Falso. 77% dos adolescentes acham que são *menos* autênticos e reais on-line.
5. Verdadeiro. MEU DEUS, assustador, certo?

Quando o assunto é a sua confiança, a tecnologia pode ser incrível. As telas podem conectar você com os seus amigos e com comunidades de pessoas bem semelhantes a você. O seu telefone ou computador pode ajudá-la a encontrar apoio para se arriscar, para ser uma Menina de Ação.

Mas também pode ser ruim. E quando é ruim, é muito ruim. A vida on-line tende a acelerar o ritmo de todos aqueles pensamentos a mil por hora que já temos. Se você está obcecada por algo que aconteceu em sala de aula, é difícil deixar isso na escola e relaxar à noite, porque você está constantemente conectada. Talvez você comece a mandar mensagens sobre o assunto, ou a postar fotos tristes ou frases motivacionais, pedindo a opinião dos outros por horas e monitorando as curtidas recebidas. Tudo isso apenas piora a obsessão. O seu cérebro nunca tem descanso.

O objetivo deve ser usar a internet com confiança. Use-a como uma ferramenta para o bem. Não deixe que ela piore os pensamentos ruins. Acredite no que uma jovem incrível e só um pouco mais velha do que você diz sobre isso.

MENINA GURU

Samera Paz tem 23 anos e é uma das nossas Meninas de Atitude. Na adolescência, Samera se lembra de ficar presa nisso de tentar agradar as pessoas e de apresentar uma imagem perfeita. "Era muito estressante. Horrível", conta ela. Samera está aqui para oferecer um conselho: "As coisas podem ficar nebulosas e turvas nas redes. Há MIL maneiras de gerar mal-entendidos e de tirarmos conclusões precipitadas das situações. Nada se compara a dividir sentimentos, opiniões e vulnerabilidades pessoalmente. Como na internet é difícil distinguir o que é real e o que não é, acaba sendo fácil criar uma versão falsa de si mesma e é ainda mais fácil se viciar em curtidas e seguidores e em supostos amigos virtuais".

 **TESTE**

Você tem um problema? Responda a estas perguntas e seja brutalmente honesta. Assinale as suas respostas e depois conte seus pontos!!

Você verifica o seu celular/tablet/computador...
1. A cada hora (ou até mesmo a cada poucos minutos)?
2. Algumas vezes ao dia.
3. Quando você precisa saber algo específico, como a hora do treino.

Você manda mensagem para os seus amigos...
1. A cada hora (ou até mesmo a cada poucos minutos).
2. Algumas vezes ao dia.
3. Quando você tem algo específico para dizer.

Você se importa de ver fotos on-line dos seus amigos fazendo coisas sem você?
1. Se importar? É melhor estar morta do que ver isso acontecer.
2. É como um soco no estômago. Você fica irada por uma hora e tal, mas depois respira fundo e segue em frente.

3. É claro, mas você desliga o telefone e tenta dizer a si mesma que isso acontece com todo mundo.

Você se sente mal consigo mesma se não recebe muitas curtidas?

1. Você vive pelas curtidas e pelos seguidores, é óbvio. Quanto mais, melhor!

2. Você tenta não ligar muito, mas secretamente deseja aquelas curtidas.

3. É legal quando alguém curte o seu Boomerang, mas basicamente o que você mais quer é fazer outro!

Você se estressa sobre como sai nas fotos?

1. É claro. Você sempre busca o filtro, a lente e o enquadramento perfeitos para que fique incrível.

2. Você só posta as melhores fotos, mesmo que isso às vezes signifique não postar nada.

3. Se estressar? Nunca. Quanto mais boba a foto, melhor — essa é a sua onda.

Você diz coisas on-line das quais se arrepende mais tarde?

1. Com certeza, mas dane-se. É fácil fazer piadas com outras pessoas — ninguém leva isso a sério.

2. Sim, mas geralmente você só está seguindo o exemplo de outra pessoa.

3. Na verdade, não. Você é supercuidadosa com o que diz.

Respostas: Vamos por partes

Considere um ponto para cada resposta 1, dois para cada 2 e três para cada 3.

Quantos pontos você fez? Se o total for entre seis e oito, você está bem lá no fundo — oficialmente obcecada. Tudo bem... pode acontecer com qualquer um. Mas você precisa construir novos caminhos para se afastar dessa obsessão.

Se você fez entre nove e 14 pontos, definitivamente é viciada em internet. De vez em quando, consegue se afastar e viver a sua vida longe das telas, mas é melhor continuar lendo este capítulo para ter ideias de como se empoderar ainda mais.

Se você obtive 15 ou mais pontos, você é impressionantemente equilibrada. Você usa as redes sociais quando quer e então se afasta. Ou talvez simplesmente não tenha muito acesso ainda. De todo modo, algumas estratégias bem sólidas vão ajudar a manter o equilíbrio.

O QUE NÃO FAZER: USOS DA INTERNET QUE ACABAM COM A CONFIANÇA

FIASCO TOTAL NO CELULAR

TESTE AS SUAS HABILIDADES NESSE NOVO JOGO MALUQUETE DE LOUCURA DO CÉREBRO A MIL POR HORA! AJUDE ESSAS MENINAS ENVOLVIDAS COM PENSAMENTOS PERTURBADORES, PENÚRIAS TECNOLÓGICAS TERRÍVEIS E TOLICES VIRTUAIS SEM SENTIDO.

Você se lembra da nossa caixa de ferramentas para combater pensamentos falhos? Todas aquelas ferramentas ajudam para crises on-line também. E nós adicionamos mais algumas.

☆ Mude o canal.
☆ Aperte o pause.

- ✮ Use imagens/pensamentos positivos.
- ✮ Encontre um amuleto da sorte.
- ✮ Faça um passeio de balão.
- ✮ Conte para si mesma a história do "talvez".
- ✮ Deixe o aparelho de lado. Às vezes mesmo cinco minutos são suficientes para evitar uma crise.
- ✮ Deixe-o fora de vista. Quando conseguimos ver o nosso celular, os níveis de estresse são mais altos.
- ✮ Tire umas férias da internet. Tente isso para problemas mais sérios, como vício em celular.
- ✮ Use a regra das 24 horas. Antes de enviar uma mensagem explosiva, espere um dia inteiro.
- ✮ Fale as coisas mais importantes pessoalmente, ou pelo menos por chamada de vídeo.

Agora, misture e combine as duas listas para acabar com os pensamentos a mil por hora.

Dilema 1

Tara adora o Snapchat. Ela manda snaps para os amigos por horas seguidas, inclusive para várias pessoas que ela nunca viu pessoalmente. Tara se esforça muito para manter a troca de snaps sem intervalo, porque morre de medo de perder alguma coisa. Na semana passada, ela pirou quando viu fotos de seus amigos fazendo coisas sem ela. Na cabeça de Tara, aquilo significava apenas uma coisa: eles obviamente não queriam ser amigos dela de jeito nenhum. O mundo de Tara acabou oficialmente. Agora ela acha que deve mandar uma mensagem malcriada para todos e abandonar os amigos antes que eles façam isso com ela.

Solução 1

Tara já é uma **pensadora catastrófica** e também um pouco **leitora de mentes**, considerando que ela tem certeza de saber o que os amigos estão pensando. O Snapchat só está piorando as coisas. Tara decide deixar o telefone um pouco de lado. Então ela se lembra de que seria útil ter outra perspectiva. O que ela estava fazendo quando os amigos tiraram aquela foto? Talvez fosse alguma coisa importante... Ah, sim, ela estava jogando futebol. E venceu! Agora Tara está começando a se sentir melhor!

Valendo UM MILHÃO: Quais ferramentas você notou que Tara usou??

- a. Deixar o aparelho de lado
- b. Contar para si mesma a história do "talvez"
- c. Falar pessoalmente

Hmm — as primeiras duas, duh! Fácil, certo?

Dilema 2

Rosie sempre gostou de fazer tudo bem-feito. Ela ama arrumar o quarto e gosta de encapar os cadernos perfeitamente. Agora que está mais velha, ela passa muito tempo no Instagram, criando a imagem ideal para compartilhar com o mundo. É incrível, mas é cansativo: certificar-se de arrumar o cabelo da forma certa e ter as roupas corretas, ou de filmar os vídeos mais perfeitos. Rosie consegue muitas curtidas, o que ela AMA, mas é estressante sempre ser a melhor versão de si, a mais engraçada, a mais bonita e a mais legal. Alguns dias ela quer se afastar da rede social, mas tem medo de receber menos curtidas, pois isso significaria se tornar uma grande perdedora, e as amigas dela a abandonariam.

Solução 2

Rosie também pensa de uma forma meio **catastrófica**, temendo que postar menos e ser menos popular no Instagram possa significar o fim da sua vida social. É quase como se ela estivesse usando uma máscara, e o vício não a deixasse removê-la. Ela recebe muitos elogios, mas será que são reais? Rosie precisa se afastar dessa obsessão, então ela dá pequenos passos para largar o telefone. Talvez, para começar, ela passe de dez postagens por dia para cinco; em seguida, duas, e depois passe a postar dia sim, dia não, até finalmente não publicar nada por uma semana. Em seguida, Rosie permanecerá uma semana inteira longe do celular se isso for possível.

Agora, vamos tentar de novo. Qual dessas três ferramentas ela usa? O que você percebeu?

a. Pensamento positivo

b. Regra das 24 horas

c. Tirar umas férias da tela

Se você escolheu a letra **C**, está TOTALMENTE certa. Rosie não escolheu, nesse caso, deixar o telefone de lado por 24 horas, então a **B** não está correta, e ela não utilizou o pensamento positivo, então a opção **A** também não está. Em vez disso, ela está optando por umas férias reais da tela.

Dilema 3

Kiki e a amiga dela, Daria, trocam mensagens o tempo todo. Uma noite, Kiki estava irritada com Willow, uma outra amiga, e foi desabafar sobre isso com Daria por mensagem. Ela estava de cabeça quente no momento e agora mal se lembra do que escreveu, exceto que foi pesado. Ufa! Que alívio tirar esse peso de cima dela. Kiki nunca teve a intenção de fazer o desabafo ir além, mas Daria achou aquilo hilário e encaminhou as mensagens para duas pessoas, que as encaminharam para mais duas, e agora todo mundo leu o que Kiki escreveu sobre Willow. Kiki jamais quis que isso acontecesse. Se a situação não estivesse exposta ao mundo, de forma permanente para que todos vissem, talvez ela conseguisse consertar aquilo. Mas não há mais nada que Kiki possa fazer. Talvez ela simplesmente fique em casa por uma semana. Ou um ano.

Solução 3

Kiki acredita que tudo está **escrito em pedra**. Sem nenhuma solução à vista. Ela está certa em um sentido — não tem praticamente NENHUMA maneira de garantirmos a nossa privacidade. Tudo que escrevemos na internet pode ser compartilhado com o mundo inteiro. Mas há sempre maneiras de consertar uma bagunça. Em primeiro lugar, ela foi até a sua mãe, que a ajudou a se distanciar e examinar o problema como se Kiki estivesse no alto, olhando as coisas lá embaixo. Daquele ponto de vista, ela se deu conta de que a melhor solução sempre é falar pessoalmente. Ela juntou coragem e foi conversar com Willow, que foi ótima ao discutir o assunto. As duas disseram coisas duras, mas acabaram se sentindo muito melhor.

Última rodada. Quais ferramentas você notou que Kiki usou?

    a. Passeio no balão

    b. Cara a cara

    c. Regra das 24 horas

Então? Sim, é isso aí: **A** e **B**. Kiki combinou duas ferramentas e deu um jeito de consertar a situação!!

FATO DIVERTIDO: O ÁLIBI DO CHOCOLATE

Não fique se punindo se você já passou por situações como essas. A maioria das meninas (e das mulheres também) acredita que ter algum tipo de status nas redes sociais é desejável. Pelo visto, faz parte da forma como o nosso cérebro se conecta com o mundo. Pesquisadores descobriram que a mesma parte do cérebro — o estriado ventral, ou o núcleo do prazer — se acende quando comemos chocolate, ganhamos na loteria OU recebemos curtidas em nossas postagens.

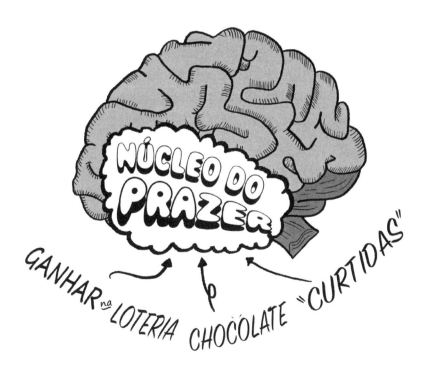

FOCO NA CONFIANÇA

Robyn adora manter contato on-line com os amigos da escola, do acampamento de férias e do time. É divertido poder falar com tantas pessoas ao mesmo tempo. E, mesmo tentando não se envolver em nenhum drama, isso está por toda parte. Para cada comentário idiota ou nocivo, alguém diz "Brincadeira" ou "Foi só uma piada!", o que torna ainda mais difícil entender o que está acontecendo. É bullying ou zoeira? Robyn já se posicionou diversas vezes, dizendo para as pessoas quando ela acha que elas estão sendo grossas ou cruéis. Muitas vezes, ela se torna a chata, como se estivesse exagerando ou fosse a inimiga da diversão.

Recentemente, um babaca da escola desenhou uma suástica na foto de um outro aluno e a postou on-line. A família de Robyn é judia, então ela tinha uma opinião bem formada sobre aquela situação. Não havia nada de engraçado naquilo, de jeito nenhum. Ela respondeu: "Ei, cara. Deleta isso. É ofensivo". Robyn sabe que insultos raciais, religiosos ou sexistas são SEMPRE inapropriados, independentemente de a pessoa achar que está fazendo piada ou não. Quando o babaca se recusou a deletar a imagem, Robyn não quis deixar para lá. Ela conversou com os pais dela e eles a ajudaram a oficialmente apresentar uma reclamação no site. Então Robyn mudou suas configurações de privacidade e bloqueou, excluiu e parou de seguir o cara, assim como todos os outros que a tinham feito se sentir mal. Depois de alguns dias, a foto foi retirada do ar. UHUL!

Bullying cibernético

Aqui está uma triste verdade: 95% dos adolescentes já notaram comportamentos de bullying on-line. Infelizmente, 66% deles foram coniventes com o acontecimento. Nove entre dez jovens testemunharam algum abuso, mas o ignoram. Eita. Está por todos os cantos. Então quais são algumas das possíveis soluções?

• Recusar-se a responder comentários desagradáveis pode, às vezes, calar a boca de alguém fazendo bullying.

• Se você acha que a situação está piorando, diga à pessoa que está fazendo bullying para parar. Faça com que ela saiba que VOCÊ a vê pelo que ela é. Um simples "isso é bullying" pode ser suficiente.

• Preste atenção e acompanhe. Não delete comentários ou fotos desagradáveis, mesmo que seja tentador fazer com que isso desapareça. Na verdade, faça uma captura de tela. Salve todas as postagens. Você pode precisar delas.

• Se a coisa piorar ou ficar ameaçadora, procure um adulto (pais, professores, treinadores ou orientadores escolares) para ajudar você a decidir o que fazer.

O QUE FAZER: USANDO A INTERNET PARA AUMENTAR A SUA CONFIANÇA

Há diversas maneiras de usar as redes sociais para fazer coisas incrivelmente boas, incluindo compartilhar a sua vida com amigos, colaborar com projetos para a escola, fazer música, entender outros pontos de vista e se conectar com pessoas que têm as mesmas paixões que você. Vamos nos concentrar no lado positivo!

Aqui estão algumas das formas maravilhosas para usar o poder das comunidades on-line e fazer do mundo um lugar melhor, tanto para você quanto para aqueles no seu entorno:

- ◆ Siga pessoas inspiradoras e observe quem a encoraja a fazer coisas incríveis.
- ◆ Conecte-se com pessoas como você, pessoas positivas que vão ajudar a melhorar a sua versão de si.
- ◆ Use as redes para fazer uma diferença — grande ou pequena — no seu mundo, para ser uma Menina de Ação.

Encontramos algumas **MENINAS DE ATITUDE** que têm usado as redes sociais de formas incríveis.

◊ Uma menina do ensino fundamental criou uma campanha no Tumblr para levantar dinheiro na luta contra o tipo de câncer que está afligindo o pai dela.

◊ Uma pessoa de 11 anos montou um clube de leitura on-line para celebrar os livros escritos por autores afro-americanos.

◊ Uma menina trans do ensino médio lançou uma campanha on-line para promover a igualdade de direitos para jovens LGBTQIA+ quando ela foi proibida de concorrer à eleição de rainha do baile porque, como disse a escola, ela não tinha "nascido menina".

◊ Alguns adolescentes do ensino fundamental começaram um grupo de discussão on-line para reunir jovens de sua cidade com tendências autodestrutivas.

◊ Uma adolescente administrou o seu próprio site de notícias para coletar e compartilhar histórias relevantes para outros jovens.

◊ Uma menina de 12 anos fez um vídeo no YouTube para ensinar às pessoas sobre autismo, porque o irmão dela é frequentemente vítima de bullying.

◊ Uma menina de 10 anos montou um blog de moda próprio e inovador, expondo roupas que ela e as amigas produziram.

Algumas garotas com quem conversamos compartilharam o que elas amam sobre estar on-line:

> *Adolescentes podem se apoiar quando estão deprimidos ou quando são alvos de bullying.*

> *É bom ter vários grupos diferentes de amigos, assim você sempre tem com quem contar.*

> *Você consegue encontrar todo tipo de herói e de pessoas para te guiar!*

> *Mesmo achando que estamos sozinhas, sempre conseguimos encontrar pessoas em algum lugar que são como nós ou que gostam das coisas de que gostamos.*

MENINA GURU

Como embaixadora dos *Girl Power Meetups*, Olivia Trice, de 17 anos, é uma espécie de prodígio das redes sociais. Uma lição que ela diz ter aprendido é usar as redes sociais de forma intencional e conscientemente. "Saiba o que você quer de um aplicativo ao entrar nele — Facebook, Instagram, Twitter ou qualquer que seja. Defina sua razão para criar um perfil, o que você pretende realizar. Você está tentando fazer novas amizades? Quer expandir a informação do que quer que seja importante para você? Está tentando se conectar com pessoas para AJUDÁ-LAS? Cada aplicativo é diferente, então é importante se certificar de que você os esteja usando corretamente."

E Olivia diz que é importante se lembrar de que "nem tudo que você vê é o que é. Os aplicativos não vão melhorar a sua vida. Deveriam ser usados para complementar e expressar quem você é, não para criar uma falsa ideia de perfeição. As redes sociais encorajam pessoas a serem tudo, menos elas mesmas — elas podem encorajar você a ser uma versão falsa e desinteressante de si mesma". Olivia, que é negra, explica que as redes sociais podem estar carregadas de pressão extra para meninas como ela. "Meninas negras e não brancas precisam aprender a amar as suas diferenças — as coisas que as tornam diferentes de todos. Todos nós precisamos. O objetivo para todo mundo é: ser você mesmo."

As dez principais estratégias usadas por meninas para ajudar a navegar o mundo on-line:

Se estou irritada, espero antes de enviar qualquer coisa. Literalmente escondo o celular. Preparo um lanche, tomo um banho, faço o que puder para diminuir o turbilhão na minha cabeça.

Não poste muitas fotos quando estiver de férias. Melhor postar só uma ou duas. Ninguém gosta quando parece que você está se exibindo.

Use maiúsculas com CUIDADO! Podem ser DIVERTIDAS ou EXAGERADAS!

Nem se incomode em mentir para um amigo sobre sair com outra pessoa, porque é fácil demais ser descoberta. Uma foto é postada e já era. Apenas confie nele e diga a verdade.

Não tem como controlar o que as pessoas publicam sobre você. Então apenas tente controlar o que você publica sobre si mesma e peça aos seus amigos para fazerem o mesmo!

Esqueça quantidade, pense em qualidade! Mantenha o seu círculo restrito aos amigos verdadeiros; assim você pode confiar neles e ser você mesma.

Eu e os meus amigos vamos a festas em que guardamos os celulares na entrada. E, na verdade, nos divertimos horrores — é até mais legal do que antes.

> *Digo algo em voz alta quatro vezes antes de enviar. Isso me ajuda a perceber como a mensagem soa.*

> *Usar mais palavras é melhor. 'Dsclp' pode parecer falso ou arrogante. Diga algo como: "Eu queria poder ir à sua casa, mas preciso levar meus cachorros para passear. Que tal amanhã?".*

> *Pense bem antes de enviar uma foto. Você se importaria se a sua avó visse essa imagem? Ou o seu pior inimigo? Se sim, então não mande! Nunca sabemos quem pode encaminhar o quê!*

E, acima de tudo, como diz Samera: "Aproveite a vida sem um celular na mão!"

O TESTE DA AVÓ

MENINAS DE ATITUDE

Há alguns anos, Samera Paz começou a notar uma coisa: "Eu adorava conhecer outras meninas on-line ou em festas e eventos, mas era sempre difícil fazer uma amizade naquele espaço de tempo curto. Eu queria um espaço de compartilhamento, um lugar sem julgamento onde realmente pudéssemos nos conhecer". Então ela começou um movimento chamado *Girl Power Meetups* para criar espaços onde meninas da idade dela e mais novas pudessem se encontrar, da forma como quisessem, para fazer amizades, enfrentar mudanças sociais e aprender como olhar o mundo em torno delas com olhos abertos e aguçados (como você está fazendo com o exercício de detectar e notar!). Como uma menina negra, Samera também estava se sentindo "sozinha, imatura e insignificante", conforme descreveu.

Ela decidiu lançar *Girl Power Meetups* no Instagram, um meio ideal para alcançar um público de meninas, mantê-las interessadas com posts, fotos e citações inspiradoras, expandir a comunidade e encorajar novas amizades. Que lugar seria melhor para manter contato com outras meninas de forma positiva e saudável do que aquele onde elas já estavam se falando? Mas a coisa principal do GPM são os encontros mensais e ao vivo, com temas como amor-próprio, imagem corporal e saúde mental, para encorajar conversas sinceras em um espaço de troca sem julgamentos, um espaço seguro para meninas não brancas, mas também para meninas em geral. "A vida, a escola, os relacionamentos e o futuro já são difíceis o bastante", explicou Samera. "Eu queria um espaço onde as pessoas pudessem simplesmente ouvir e estar presentes para as outras." As participantes do GPM também se envolvem em projetos sociais, incluindo um trabalho com abrigos para mulheres e moradores de rua e protestos contra violência policial.

Samera faz tudo isso com amor, ao lado de embaixadoras como Olivia Trace. Ela paga do próprio bolso os encontros do grupo, porque acredita no trabalho comunitário e porque quer empoderar meninas que vão crescer e se tornar mulheres poderosas.

JUNTANDO OS PEDAÇOS DO CÓDIGO

Estes três capítulos, no fim das contas, chegam a uma parte crucial do código: *Pense menos*!

1. Arrisque-se mais!
2. Pense menos!
3. _____

Assim como *Arrisque-se mais* é um rápido lembrete para agirmos, *Pense menos* é uma forma ligeira de nos levar a sair da nossa cabeça e a ficarmos menos obcecadas por um assunto. Isso pode soar meio engraçado (provavelmente o oposto do que você acha que os seus professores e os seus pais querem que você faça!), mas ter menos pensamentos a mil por hora vai ajudar você a lidar de forma confiante com as amizades, com as redes sociais e com quase todo o resto que surgir na sua vida.

O EU CONFIANTE

IMANI ENCONTRA O SEU PODER, PARTE 1

CONTINUA . . .

CAPÍTULO 8
LARGANDO O HÁBITO DO PERFECCIONISMO

PISE FUNDO NA PALAVRA QUE COMEÇA COM P

Por acaso as dificuldades enfrentadas por Imani em "Imani encontra o seu poder" parecem familiares para você? Há muita coisa que precisamos fazer para *ir bem na vida*.

- Tirar boas notas ✓
- Manter o quarto limpo ✓
- Ser boa em esportes ✓
- Ser excelente em atividades extracurriculares: teatro, debate, grupo de matemática ✓
- Agradar aos pais ✓
- Ter uma boa imagem nas redes sociais ✓
- Ter muitos amigos nas redes sociais ✓

Ser convidada para cada festa ou evento legal ✓

Guardar dinheiro de trabalhos como cuidar de crianças, cuidar de animais, fazer as tarefas de casa etc. ✓

_____ (Insira seu objetivo aqui.)

A lista é infindável.

E realmente acreditamos que, ao realizarmos todos os itens da nossa lista, tudo vai ser **PERFEITO**.

E a vida vai ser só:

céu azul e arco-íris e unicórnios

ou

Pizza e passeios à praia e tapetes felpudos

ou

Troféus e TVs de tela grande e músicas incríveis

ou

_____

(Insira a sua ideia de um paraíso perfeito.)

E aí podemos finalmente relaxar. Certo? **CERTO????**

Errado.

É literalmente impossível ser perfeita ou fazer tudo perfeitamente — seres humanos não são perfeitos; não fomos feitos dessa forma.

Se a perfeição é o seu objetivo, VOCÊ NUNCA VAI ALCANÇÁ-LO.

Como um cão correndo atrás do rabo, você sempre estará atrás de algo que não consegue alcançar.

Per-fec-ci-o-nis-mo:

Esqueça a definição do dicionário; aqui está a nossa:

Uma doença muito perigosa. Uma planta trepadeira invasiva e estranguladora que entra sorrateiramente na sua vida e enforca tudo que encontra. Ela é estressante e impede você de se arriscar. E, mais importante, impede você de ser seu verdadeiro eu.

DIAGNOSTICANDO O PERFECCIONISMO

A primeira arma contra o perfeccionismo é simplesmente percebê-lo.

 **TESTE**

Dê uma olhada nessas meninas e veja se você consegue reconhecer quem foi mordida pelo bichinho do perfeccionismo.

a. *Tara ganha o prêmio de melhor aluna no sétimo ano. Superlegal, certo? Não para ela. Tara não consegue nem aproveitar o sucesso. Tudo em que consegue pensar é em como o seu irmão mais velho ganhou o mesmo prêmio em todos os anos do ensino fundamental. Ela deveria tê-lo ganho no sexto ano, mas não o ganhou. E se ela não conseguir ganhar de novo no ano que vem?*

b. *Rashida é uma confeiteira incrível. Ela faz bolos e doces elaborados para celebrações de família, e ganha um monte de elogios com as suas belas criações. Ainda assim, ela fica obcecada com cada pequeno erro que comete nas flores e espirais da cobertura.*

Então, quando o tio de Rashida pede a ela para fazer o bolo do casamento dele, ela fica com medo de aceitar a proposta e de estragar tudo.

c. *Andrea quer se exercitar mais. Por isso, ela faz um cronograma ambicioso para correr todas as manhãs antes de ir à escola e dar voltas na piscina todas as tardes. Ela segue isso à risca por uma semana, mas aí a vida a atrapalha. Certa manhã, ela acorda atrasada e não consegue correr. No dia seguinte, ela*

Meninas e perfeccionismo: um fluxograma supercurto

Desde muito nova, o seu cérebro de menina dá vantagens para você.

Você escuta melhor, faz o que pedem, se esforça mais — todas essas coisas. ↓

Adultos gostam desse comportamento (é mais fácil para eles!) e a recompensam.

Você gosta de ↓ ser recompensada (quem não gosta?), então se esforça ainda mais para fazer as coisas do jeito certo. ↓

E assim nascem as perfeccionistas e as pessoas que gostam de agradar aos outros.

E os meninos?

Eles fazem muitas coisas erradas porque não conseguem evitar.

Mas... ↓

Eles aprendem que não tem problema fracassar e se arriscar. ↓

E eles ficam confiantes.

Fim. (Até mudarmos a história.)

*tem uma consulta no ortodontista depois
da escola, então não consegue ir à piscina.
Andrea percebe que tem sido pouco realista
e que precisa elaborar um plano mais fácil
de cumprir. Três dias na semana seria bom o
bastante.*

d. *Maura teve semanas para trabalhar na sua
maquete para a aula de estudos sociais, mas
ficou adiando o projeto. Precisa ficar perfeito —
as criações dela sempre impressionam a todos.
Na noite antes da data de entrega, ela começa
a trabalhar, correndo de um lado para o outro,
construindo, colando, imprimindo legendas.
Maura derrama cola por todo o trabalho, porém
consegue limpar a maior parte. No fim, ela
está exausta e cometeu uns erros bobos, mas é
preciso dar a volta por cima!*

Respostas: Vamos por partes

Caso tenha escolhido **A**, **B** e **D**, você acertou. Todas essas
opções representam diferentes faces do perfeccionismo.
Na história **A**, não conseguir comemorar conquistas é
um clássico exemplo de perfeccionismo. Na letra **B**, o
perfeccionismo impede Rashida de se arriscar, ainda que
ela queira. E, na **D**, Maura nos mostra outro aspecto
do comportamento perfeccionista — a procrastinação.

Ela se sabota ao esperar a hora perfeita que nunca chega. Na letra C, no entanto, Andrea demonstra flexibilidade. Embora comece com um objetivo rígido e perfeccionista, ela consegue diminuí-lo e torná-lo algo mais razoável.

 **TESTE**

Você está viciada na busca pela perfeição? Escreva sim ou não para cada cenário abaixo e vamos ver juntas as respostas ao final.

- ✦ Você acabou de limpar o quarto, mas aquele travesseiro novo não está bom, os pôsteres na parede estão ridículos, e você não consegue fazer mais nada. Quando as coisas não estão "certas", você fica muito incomodada.
- ✦ Você tirou uma nota alta (9,2!) no seu teste de ciências. Depois de um instante de euforia, você olha em volta e vê um 9,8 no teste da Lena. Do nada, você se sente uma idiota.
- ✦ Você verifica as suas curtidas no Insta. Mais de 20! Mas outras pessoas ainda têm mais do que isso. É melhor começar

a pensar em como aprimorar os seus ângulos para a câmera e o seu conteúdo.

✫ Além de um solo, você consegue um papel em um musical. Mas você não consegue se sentir bem com isso porque, bem, outras pessoas têm papéis maiores.

✫ Você tem muitas ideias de coisas que quer experimentar. Mas você tem medo de se arriscar, a não ser que saiba que vai conseguir fazer tudo. Então acaba que nada acontece.

✫ Há uma mensagem constante tocando na sua cabeça, repassando pequenos erros que você cometeu — coisas idiotas que você disse, coisas que você queria ter feito, blá-blá-blá.

✫ Você se sente uma impostora, como se tivesse enganado todo mundo, quando vai bem em alguma coisa.

✫ Se você não consegue sentar exatamente no lugar certo no almoço, com as pessoas certas, o seu dia está basicamente arruinado.

✫ Você quer iniciar conversa com o aluno novo, mas se sente sem graça e previsível. Você vai evitá-lo até conseguir pensar nas coisas mais legais e engraçadas para dizer.

✫ Você se compara com outras meninas 24 horas por dia, sete dias na semana, o que a deixa se sentindo péssima.

Dê uma olhada nas suas respostas. Quantas vezes você disse sim?

Respostas: Vamos por partes

1-4: Nada mau! Você gosta de fazer algumas coisas bem, mas não está contaminada pela doença do perfeccionismo. Está de parabéns.

5-7: Humm... Algumas notas de "Preciso ser perfeita" presentes aqui. É claro, você quer ser boa nas coisas, mas fique de olho na tendência a ter que ser boa em *tudo*. Trabalhe para encontrar equilíbrio antes que seja tarde demais.

8-10: PERIGO, PERIGO! Alerta de perfeccionismo! Em algum momento você simplesmente relaxa? Está na hora de pegar cinco dessas respostas *sim* e jogá-las na lixeira. Ser "boa o bastante, mas não perfeita" não vai fazer mal nem matar. Na verdade, vai tornar você mais forte.

MAS QUAL É O GRANDE PROBLEMA?

Muitas das meninas com quem conversamos não entenderam por que o perfeccionismo é um problema tão grande.

Aqui estão alguns equívocos comuns sobre o perfeccionismo.

> Mas o perfeccionismo não é uma coisa meio que boa? Tipo, não é o caminho para alcançarmos o sucesso?

> Isso não significa simplesmente que sou ambiciosa?

> Ser perfeita é uma boa maneira de fazer as pessoas felizes, não é?

> Tentar ser perfeita significa que estou trabalhando duro e me esforçando, certo?

NADA DISSO É VERDADE.

O perfeccionismo não é a chave para o sucesso nem para nada na vida. O perfeccionismo é basicamente todos aqueles padrões de pensamento problemáticos dos quais falamos antes, enrolados para formar uma coisa só — como um burrito gigante de ideias ruins.

Pense a respeito disto:
- É literalmente um padrão impossível.
- Tentar ser perfeita é exaustivo e nada divertido.
- Você está se esforçando pelas razões erradas. (O

perfeccionismo geralmente anda lado a lado com a vontade de **agradar a outras pessoas**, mais uma doença perigosa.)

♦ E, ainda mais importante, quem é perfeccionista **não consegue construir confiança.**

Aqui está a razão:

Quando o seu objetivo é fazer tudo de modo perfeito, você

realmente

realmente

realmente realmente realmente realmente realmente realmente realmente

realmente realmente realmente realmente

não quer fracassar.

A ideia de fracassar

provoca pânico.

Se você não está disposta a errar, como já aprendemos, não vai querer se arriscar ou agir. E aí não vai construir confiança. Olhe novamente para a parte 1 de "Imani encontra o seu poder". Tentar ser a melhor sobrecarrega Imani, literalmente paralisando-a.

MENINA GURU

Lori Lindsey já fez coisas incríveis na vida. Como jogadora profissional de futebol feminino, ela fez parte da seleção feminina dos EUA, assim como da seleção olímpica de 2012, e jogou na Copa do Mundo. Ela quer que você saiba que o perfeccionismo só trouxe problemas para ela: "Eu queria ter tido mais estratégias para simplesmente relaxar quando era mais nova. Eu superanalisava as situações e pensava demais — estava tão ocupada sendo perfeccionista, tentando fazer com que tudo acontecesse em campo, que isso costumava roubar a alegria e o ritmo do jogo de mim. E eu acabava não jogando tão bem. Quando consegui deixar o perfeccionismo de lado e simplesmente jogar, permiti que o jogo fluísse. O que quer que você esteja fazendo, pergunte-se por quê. E o que você está tentando tirar disso. Aí a magia acontece".

CURAS PARA O PERFECCIONISMO

FAÇA POR UM PROPÓSITO, NÃO POR PERFEIÇÃO OU POR APROVAÇÃO. Faça perguntas como: "Para quem estou fazendo isso?" ou "Por que estou fazendo isso?". Meninas e mulheres podem ficar presas na doença de agradar — tentando fazer todo mundo feliz, menos nós mesmas. (Obrigada, inteligência emocional alta.) Se você perceber que está pensando excessivamente no que os outros querem, ou caso esteja sempre dizendo a si mesma que você "deveria" fazer coisas, isso é um sinal de alerta.

Pense nos seus objetivos e se certifique de que eles vêm de dentro e não de outro lugar.

MUDE A LINHA DE CHEGADA. Qual é o objetivo? Se o objetivo é SOMENTE ser perfeita ou atingir a perfeição, mude-o. Se você está trabalhando para caminhar até uma linha de chegada (ganhar um torneio, tirar 10 na prova, ser quem tem mais seguidores etc.), olhe novamente para a linha final. Ela é realista? É algo que você de fato quer? Se não for, tente colocar objetivos sensatos para você mesma.

BOM O BASTANTE. Funciona. Faça o melhor com o que tiver e se dê permissão para NÃO fazer o trabalho mais perfeito, mais excelente e mais incrível de todos os tempos. O tempo é precioso. Faça o que puder e siga adiante. Bom o bastante *é bom*, e você vai descobrir mais tarde na vida que frequentemente essa é uma abordagem melhor. Quer uma prova agora? Temos aqui ótimos dados. Mulheres adultas em geral não se inscrevem para um trabalho ou para uma promoção a não ser que pensem que estão perfeitamente preparadas e que têm todas as habilidades necessárias. Homens se inscrevem mesmo quando têm apenas 60% das habilidades. Adivinhe: os homens menos qualificados ficam com os trabalhos porque eles decidiram que são bons o bastante e simplesmente vão atrás das coisas. ENTÃO, aqui está um desafio real: escolha uma atividade, se dê um limite de tempo, faça o melhor que conseguir NAQUELE TEMPO e declare que isso está "bom o bastante".

CONVERSE COM OS SEUS PAIS. Muitas vezes, os adultos tornam as coisas ainda piores, com pressão sobre notas, atividades e aparência. Resistir ao estrangulamento provocado pelo perfeccionismo é difícil até mesmo para eles. Seja sincera com os seus pais. Se eles têm expectativas fora da realidade e estão estressando você, eles deveriam saber.

REFAÇA A SUA LISTA. Você se lembra daquela lista no começo do capítulo? Reveja aquilo: ela não precisa prender você à ideia de perfeição. Faça uma lista das coisas mais legais que você faz ou que quer fazer. Celebre todas as coisas que você já tentou, mesmo que tenha fracassado. Se o perfeccionismo tiver fechado todas as portas e janelas que levam ao incerto, à possibilidade de aventura e até mesmo ao fracasso, então faça força para abri-las!

CONCENTRE-SE NO AGORA. O perfeccionismo é sobre viver no passado ou no futuro. Já reparou que você gasta

muito tempo pensando no que deu errado ou no que precisa ser feito? Concentre o seu pensamento no agora — no instante. É aí que encontramos confiança e alegria.

LINGUAGEM PARA FURAR O PERFECCIONISMO

Da próxima vez que um pensamento perfeccionista estiver martelando na sua cabeça ou que você se ouvir dizendo uma frase perfeccionista, tente trocar isso por outra coisa.

Quando você pensar "**Eu deveria**", sempre se pergunte "Por quê?",

Ao pensar "**Isso tem que estar perfeito**", substitua por "Está bom o bastante!",

Se você pensar, "**Não sou muito boa nisso**", substitua por "Vou TENTAR!"

Se você disser "**Preciso ganhar**" ou "**Preciso ser a primeira**", substitua por "Quero aproveitar o processo e me divertir ao longo dele".

FOCO NA CONFIANÇA

Faith, de 11 anos, fica ansiosa a respeito dos deveres de casa e tem a sensação de que algo a está esmagando. Ela os adia e adia, tornando a situação ainda pior. Na cabeça de Faith, se ela esperar, haverá uma hora perfeita para fazê-los, uma hora perfeita em que não estará com fome ou mal-humorada ou de saco cheio de ouvir o seu irmão mais novo gritando. Aí ela vai fazer o melhor trabalho possível... desde que seja mais tarde. Faith tem um projeto para a feira de ciências do quinto ano: fazer um relógio usando uma batata como bateria. Ela está com muito medo de o projeto parecer idiota perto dos demais. Os pôsteres dos outros vão estar mais incríveis que o dela, os projetos, com uma aparência melhor. Ela não quer passar vergonha, então acaba adiando o trabalho mais e mais. Certamente a solução perfeita vai lhe ocorrer.

    Finalmente, a data limite está diante de Faith. Ela sabe que precisa começar, então ela se acalma ao repetir "Não é nada demais". Faith conversa com a sua mãe e percebe que, na realidade, ela está animada para ver se consegue fazer a batata funcionar como bateria. Então quem se importa com o produto final do projeto? Não precisa ser o melhor de todos, só precisa ser bom o bastante. No fim das contas, não fica perfeito, nem incrível, mas totalmente bom. E é assim que ela se sente também!

ESPELHO, ESPELHO MEU

O perfeccionismo pode encontrar sua forma mais perigosa — e mais tóxica — para a confiança quando o aplicamos a como achamos que deve ser a nossa aparência. Se você se preocupa com a sua aparência — e sente como se estivesse fracassando —, há uma boa razão. Para todo lugar que olhamos, vemos pessoas lindas, com corpos e cabelos perfeitos, assim como dentes e roupas perfeitos. Ter uma aparência incrível parece ser mais uma coisa para adicionarmos à nossa lista. Isso pode nos dar a sensação de ser quase impossível lutar contra a pressão. E a pressão pode ser ainda maior sobre meninas não brancas, deixando a sensação de que têm a responsabilidade de representar toda a sua etnia ou cultura. Se não for perfeita, isso vai refletir mal em qualquer pessoa semelhante a você.

A pressão sobre meninas é imensa. Se você está sentindo isso, temos algumas armas úteis.

ARMA 1: SAIBA QUE VOCÊ NÃO ESTÁ SOZINHA!

- 92% das meninas adolescentes gostariam de mudar alguma coisa sobre a própria aparência.
- Nove entre dez meninas sentem a pressão da indústria da moda e das mídias para serem magras.
- 53% das meninas americanas de 13 anos sentem-se insatisfeitas com o próprio corpo. Entre as meninas de 17 anos, o número sobe para 78%.
- Caso não se sintam bem com relação à própria aparência, oito entre dez meninas optam por não fazer esportes, atividades escolares ou estar com amigos — em outras palavras, as coisas divertidas da vida!
- Sete entre dez meninas evitam ser assertivas ou defender suas opiniões quando não se sentem felizes com a própria aparência.

ARMA 2: DÊ UMA BOA OLHADA!

Mais uma vez, está na hora de ter um olhar crítico. A mídia e a nossa cultura são as razões pelas quais tantas meninas e mulheres se preocupam com a própria aparência. Não só você não está sozinha como também não tem culpa disso. A maioria das imagens glamourosas que você vê em sites ou em revistas não representa meninas e mulheres reais no mundo. Essas imagens fazem com que nos sintamos mal sobre nós mesmas porque são FALSAS e estão por toda parte. Celebridades, modelos e mesmo pessoas comuns postando on-line precisam de tempo, empenho e dinheiro (e, no caso das celebridades, um time gigante de especialistas!) para mostrar os melhores ângulos possíveis. E, ainda assim, toda e qualquer imperfeição é retirada no Photoshop.

Meninas como você estão ficando conscientes disso, o que ajuda a trazer mudanças:

☆ Sete entre dez meninas acham que a mídia coloca pressão demais nelas para atingir um padrão de beleza inalcançável.

E muitas meninas e mulheres estão começando a exigir mudanças. Dê uma olhada na campanha on-line 𝕊𝕥𝕠𝕡 𝕥𝕙𝕖 ℙ𝕙𝕠𝕥𝕠𝕤𝕙𝕠𝕡 (Parem com o Photoshop).

SUA VEZ

Uma forma de você mesma combater essas imagens é pegar mais uma vez o seu Caderno da Confiança ou o celular ou um pedaço de papel e verificar a sua lista de pessoas exemplares. Agora pense nelas pela lente da aparência:

◊ Elas parecem retocadas e posadas?

- ◊ Elas parecem ativas e poderosas?
- ◊ Encontre pessoas que estão dispostas a ser elas mesmas, que estão FAZENDO alguma coisa (praticando um esporte, correndo, produzindo, escrevendo, criando, tentando fazer uma diferença).
- ◊ Encontre pessoas que estejam alinhadas com como você se sente, com como você quer viver.
- ◊ Busque pessoas fortes e com aparência natural: sem maquiagem, sem alisar o cabelo, com roupas que permitam que elas façam coisas e não apenas que posem.
- ◊ Não limite a sua lista de exemplos a pessoas famosas, dê uma boa olhada em gente que você vê todos os dias.

ARMA 3: TRATE VOCÊ MESMA COMO VOCÊ TRATA OS OUTROS!

80% das meninas acreditam que toda mulher tem pelo menos algo bonito. Então aprenda a se ver da forma como os outros, sem dúvida, veem você. LEMBRE-SE: Como não existe UM visual perfeito, todas as combinações e variações são poderosas. Todas.

ARMA 4: NÃO APENAS SEJA. FAÇA!

Preocupar-se demais com a sua aparência, ou cuidar demais disso, é algo estático e não dinâmico. E é uma perda de tempo. Não acrescenta nada ao mundo nem às suas realizações ou aos seus desafios. Isso a impede de se jogar em coisas que você quer fazer e tira a sua atenção de tudo que está acontecendo na sua vida. O que significa, isso mesmo, que você não está construindo a sua confiança. Quem você é e o que você faz importa muito mais do que a sua aparência.

Lembre-se sempre: meninas confiantes dão mais valor à ação do que à aparência.

MENINAS DE ATITUDE

Quando Gloria Lucas tinha 10 anos, ela não gostava de si mesma nem do próprio corpo. Os seus pais se mudaram do México para a Califórnia e, como muitas meninas não brancas, Gloria achava que ela não se encaixava no ideal "americano": "Uma vez a minha mãe chegou em casa com a Barbie latino-americana e eu fiz com que ela devolvesse a boneca, porque eu queria uma de pele branca". Gloria começou a sofrer de distúrbios alimentares e teve dificuldade para achar ajuda. "Nunca vi alguém que se parecesse visualmente comigo ou que falasse como eu discutindo distúrbios alimentares. Isso não era conversado na nossa comunidade."

Ela finalmente conseguiu se recuperar dos distúrbios alimentares sozinha depois de anos de sofrimento. Certo dia, após o fim do ensino médio, Gloria percebeu algo: ela queria ser aquela voz, aquela salvação que jamais havia encontrado. Então começou uma organização para ajudar jovens meninas não brancas a entenderem mais sobre imagem corporal positiva e para dar a elas exemplos de pessoas em quem se espelhar, ensinando resiliência e criando uma comunidade. Como ela diz: "Quero ajudar meninas a se darem conta de que, quando você consegue se conectar com a sua cultura, com as suas raízes, você adquire poder. Isso é uma cura. Foi para mim, e pode ser para outras".

Gloria transformou a sua luta pessoal e dolorosa em combustível para fazer a diferença. Ela acredita que "o trabalho não é sobre mim. É algo que eu estava destinada a fazer. É maior que eu". E, segundo ela, "o DNA determina qual será a nossa aparência. Na realidade, não podemos mudar isso. Esse receptáculo, o nosso corpo, é uma dádiva, qualquer que seja a cor da nossa pele e o nosso tamanho. Precisamos honrá-lo. Pertencemos a nós mesmas".

CAPÍTULO 9
SENDO VERDADEIRA COM VOCÊ

Ser verdadeiramente, completamente, totalmente, 100% você mesma é uma grande parte de ser confiante. Mas quem é você de verdade? Às vezes, a resposta pode parecer óbvia. Em outros momentos, você pode sentir que seu eu verdadeiro é um quebra-cabeça com várias peças faltando.

AQUECENDO A CONFIANÇA

Você realmente curte esportes — ou só está jogando porque as suas amigas jogam, ou porque os seus pais querem que você jogue, ou porque você sempre jogou?

Você tem paixão real pelo grupo de robótica, ou está só tentando agradar ao seu professor favorito?

Você perde a noção do tempo quando escreve poesia — mas quase nunca faz isso porque, bem, para que serve, no fim das contas?

Você quer deixar outras pessoas felizes, ou riscar coisas de uma lista, em vez de fazer o que gosta?

Não é de surpreender que você não esteja inteiramente certa sobre por que, lá no fundo, escolhe fazer ou não algumas coisas. A pré-adolescência e a adolescência podem ser anos confusos. Não se preocupe. É de esperar que seja um tempo cheio de mudanças de humor, frustrações com os pais e exploração intensa. Essa é exatamente a idade em que começamos a desvendar as coisas, experimentar a respeito de quem somos e na qual aprendemos a nos sintonizar internamente.

Quando nos escutamos acima de todo o resto, conseguimos ouvir a nossa confiança, a nossa voz interior, o nosso eu confiante.

FOCO NA CONFIANÇA

Selene entrou para uma escola nova e está ansiosa para conhecer as pessoas certas e ser popular.
Os pais dela vêm da Índia, então a sua aparência é um pouco diferente da dos seus colegas, o que torna mais difícil fazer parte de algum grupo. Ela escolhe o grupo de meninas que têm mais seguidores e amigos on-line. Ter toda essa atenção nas redes torna essas adolescentes poderosas. Elas esperam que outros alunos troquem de armário e de mesas no refeitório com elas, para que fiquem com os melhores lugares. Claramente todos pensam que elas são o máximo.

Quando as pessoas falarem sobre Selene, vão começar a ligá-la ao grupo maneiro, o que vai consolidar a sua boa reputação. O único problema é que, na verdade, ela acha essas meninas meio chatas. Elas não fazem muito além de mexer no celular e tirar selfies. Mas quem é Selene para argumentar com toda essa popularidade?

Selene pensou que tinha encontrado um jeito de cortar caminho para fazer amizades. Em vez disso, ela foi por um percurso totalmente errado, o percurso que a afastou de ser ela mesma. Então, discretamente,

Selene começa a se inscrever em coisas nas quais está verdadeiramente interessada, afinal, suas amigas populares reviram os olhos quando Selene fala sobre as suas paixões. Os alunos no clube de matemática são bem hilários. Quem poderia imaginar que fazer cálculos pesados em equipe e depois gritar as respostas a faria rir tanto? E o grupo de teatro é ótimo.

Selene está tão feliz passando tempo com colegas que gostam do que ela gosta, que se importam com o que ela se importa, que ela começa a se esquecer de encontrar a galera popular. Um dia, no almoço, ela se senta com outros membros do grupo de teatro. Depois disso, a galera popular para de falar com ela, para de incluir Selene nas mensagens de grupo ou de convidá-la para sair. Sinceramente, ela mal percebe, porque começou a entrar em contato com o seu eu confiante.

Selene conseguiu encontrar o seu caminho — mas nem sempre é fácil. Há expectativas vindo de todas as direções, de todas as pessoas e lugares: pais, professores e amigos por um lado; imagens na TV, revistas, filmes, YouTube e redes sociais de outro. E, para qualquer um que se sente "diferente" — como muitos pré-adolescentes e adolescentes se sentem em algum momento —, pode haver mais camadas de pressão sobre quem você deveria ser.

É exaustivo tentar ser outra pessoa, agir ou falar ou se vestir ou andar ou se parecer ou soar como outra pessoa. É algo que nunca funciona muito bem e suga a sua confiança até o fim.

"Seja você mesmo, todos os outros já existem."

Ninguém sabe quem foi a primeira pessoa que falou essa pérola de sabedoria, mas nós a amamos.

ENCONTRANDO VOCÊ MESMA

Quando estamos tentando chegar a uma imagem clara sobre quem somos, algumas coisas ajudam a começar.

VALORES. Valores são como a luz que a guia, as suas crenças, as ideias que mais importam para você e a ajudam a decidir como agir. Às vezes, você nem está consciente dos seus valores até se concentrar neles. Se você descobrir que se importa intensamente com ser generosa, por exemplo, vai perceber que coisas que sempre fez naturalmente começarão a ter ainda mais sentido: você passará a dedicar mais tempo a ajudar os seus amigos ou os seus irmãos, ou realizará algum trabalho voluntário, porque isso faz parte de quem você é. Há tantos valores diferentes que não conseguimos colocar todos aqui, mas dê uma olhada nessa lista curta e veja se alguma coisa gera motivação. Alguma dessas palavras toca você?

Honestidade
Compaixão
Gratidão
Família
Determinação
Sabedoria
Amor
Coragem
Criatividade
Otimismo

VERDADEIROS PONTOS FORTES. Outra maneira de compreender sua essência é pensando sobre os seus verdadeiros pontos fortes. Uma habilidade é um verdadeiro ponto forte quando atende a três requisitos.

◊ Você é muito boa nisso ou tem algum tipo de facilidade.

◊ Você gosta intensamente disso. (Ninguém precisa insistir para você fazer.)

◊ Isso traz alegria para você. (Quando você está praticando a atividade ou a habilidade, normalmente perde a noção do tempo e se deixa levar.)

Há uma lista infindável de possíveis pontos fortes verdadeiros, é claro. Para descobrir o seu, pense neles de diferentes maneiras: podem ser coisas específicas que você aprendeu a fazer bem, como cálculos de matemática, ou soletrar, ou tricotar, ou driblar uma bola. Ou podem ser habilidades mais amplas, que surgem de forma mais natural, como ser engraçada ou curiosa, ou ter uma noção de direção ótima ou, quem sabe, ser rápida.

Mas não se esqueça de que deve ser algo que você curte intensamente e que traz alegria! (A coisa de se deixar levar é bem legal quando nós a sentimos. É quando simplesmente perdemos a noção de todo o resto porque o nosso cérebro e os nossos interesses e as nossas paixões estão todos sincronizados. Um cientista chama isso de "definição da felicidade".)

Aqui está um exemplo da vida real. Casey é totalmente genial em matemática — isso vem com facilidade para ela —, mas matemática não é a sua coisa favorita. Ela não se importa muito com resolver problemas. Casey gosta muito mais intensamente de pessoas e das suas histórias, e ela é uma ouvinte maravilhosa, perdendo-se totalmente nas narrativas alheias. Ser compreensiva e capaz de se conectar com os outros definitivamente são pontos fortes para ela.

É claro que há muitos, muitos, muitos pontos fortes que alguém pode ter, e é impossível incluir todos, mas aqui está uma lista curta de alguns pontos fortes. Se você quiser ir mais fundo, listamos algumas ótimas indicações no fim do livro.

Trabalhar com números
Fazer uso do humor
Praticar esportes
Ser veloz
Ser uma boa ouvinte
Ser uma ótima leitora
Ser artística
Conectar-se com os outros
Ser compreensiva
Ser uma líder
Ser musical

SUA VEZ

Para descobrir os seus pontos fortes, pense sobre:

    Que atividade faz com que você se sinta bem enquanto a realiza?
    O que te dá energia?
    O que você faz que te deixa feliz?
    O que você faz frequentemente, sozinha e sem precisar de um lembrete?
    Que tipo de coisa você nota no mundo?
    Que tipo de coisa deixa você animada?
    Que tipo de coisa leva você a perder a noção do tempo? (A areia movediça das redes sociais não conta!)

A CONEXÃO ENTRE VALORES/PONTOS FORTES.

Quando ocorre uma *justaposição* entre os seus pontos fortes e os seus valores, é como se houvesse um aumento de velocidade. A confiança flui muito mais naturalmente. Vejamos o exemplo de Casey. Um dos valores dela é a família, e ela é próxima, em especial, dos avós, com quem costumava morar. Agora estão em uma casa de repouso, e Casey adora passar tempo lá com eles, brincando de jogos e lendo para os idosos. A compreensão e a capacidade de conexão, que são os seus verdadeiros pontos fortes, MAIS o valor dado à família, estão agindo juntos para permitir que ela seja a versão mais verdadeira de si.

AQUECENDO A CONFIANÇA

Pegue o seu Caderno da Confiança e faça uma linha no centro de uma página. Ponha as suas respostas para as perguntas de **Pontos fortes** de um lado e escolha cinco dos seus **Valores** mais importantes para escrever do outro lado. Agora dê uma olhada. Você vê um padrão? Há conexões?

Aqui está um exemplo do Caderno da Confiança de Billie.

PONTOS FORTES

Que atividade faz com que você se sinta bem enquanto a realiza?

Tricotar

O que te dá energia?

Ficar um tempo comigo mesma para recarregar

O que você faz que te deixa feliz?

Decifrar palavras cruzadas

O que você faz frequentemente, sozinha e sem precisar de um lembrete?

Ler sobre política e acontecimentos atuais, para sentir que estou entendendo melhor o que está acontecendo

Que tipo de coisa você nota quando está prestando atenção no mundo externo?

A forma como certas pessoas são tratadas melhor do que outras

Que tipo de coisa te deixa animada?

Encontrar soluções para problemas

Que tipo de coisa leva você a perder a noção do tempo?

Tricotar, ler, assistir a programas de notícias

MEUS VALORES

Sabedoria

Compaixão

Criatividade

Coragem

Otimismo

Quando Billie observa as duas listas, ela vê conexões. Ela valoriza sabedoria — e adora política e solucionar problemas. Não é de espantar que ela sempre tenha se sentido atraída pelo time de debate! E agora que ela vê a palavra criatividade na página, como um dos seus valores, a sua paixão por tricotar faz sentido. Billie decide que não precisa se sentir culpada pelo tempo que gasta sozinha com as agulhas e os novelos de lã.

Comece a pensar a respeito do que é importante para você, o que você ama e o que curte fazer. Talvez você escreva apenas algumas coisas agora — mas não se preocupe, a lista vai crescer e mudar. É claro que há algumas coisas das quais os jovens não têm como fugir, como a escola e as tarefas de casa e outras obrigações em família. Mas ainda sobra bastante tempo para VOCÊ. E se você começar a descobrir como ser verdadeiramente você agora, é muito mais provável que passe a sua vida fazendo o que importa para você, em vez de fazer o que todo mundo quer, ou o que pensam que é bom para você.

FOCO NA CONFIANÇA

Poppy sempre pensou que não era uma pessoa muito interessada em coisas esportivas. Ela tinha tentado jogar futebol e vôlei, mas nunca tinha entrado muito no clima dos esportes em equipe. Então, com 11 anos, Poppy se viu hipnotizada pelas dançarinas no musical da escola. O simples fato de observar aquelas meninas saltando pelo palco já a deixava feliz. Ela implorou para a sua mãe encontrar aulas de dança, mas, quando soube que todas as meninas da idade dela na escola de balé faziam aulas desde a infância, ela quase desistiu do plano. Poppy ficou superintimidada. É uma ideia idiota, disse a si mesma — ela não ia conseguir acompanhar a turma de jeito nenhum e ia parecer um bebê.

Poppy odiava a ideia de não conseguir usufruir do sentimento de ser tão graciosamente flexível ou de rodopiar tão suavemente. Na sua cabeça, ela podia se ver fazendo aquilo. Ainda assim, ser uma iniciante em uma sala de aula cheia de alunas avançadas a deixava aterrorizada. Por fim, a mãe a convenceu a tentar fazer pelo menos uma aula. Caso odiasse, ela poderia sair. Assim parecia mais tranquilo, apenas um teste casual, e isso a ajudou. Nada de mais. No fim das contas, Poppy não devia ter se preocupado. A professora a fez se sentir muito bem-vinda, as outras meninas ajudaram com as posições complicadas e ela conseguiu seguir a aula numa boa.

Foi perfeita? É claro que não. Poppy foi tão boa quanto as outras? De forma alguma, mas como poderia ser? Elas estavam treinando havia anos. Mas Poppy percebeu que era boa o bastante e, o mais importante, ela se divertiu tanto que parou de fazer comparações e simplesmente curtiu a dança. Ela claramente tinha descoberto uma paixão natural.

DILEMAS DA CONFIANÇA:
Desemaranhando o que faz você ser você

Como essas meninas podem perceber os seus pontos fortes e os seus valores e focar neles para que possam ser verdadeiras consigo mesmas?

1. *A agenda de Hailey está lotada. Ela joga tênis e toca piano. Quando está na quadra, ela perde a noção do tempo. Hailey escuta apenas o som da bola sendo jogada e vê apenas aquela esfera verde-neon*

voando pelo ar. Ela está constantemente criando estratégias para jogadas alternativas, ou outras formas de se aproximar da rede para um voleio e um smash. Estudar piano é meio entediante, mas Hailey ama tocar teclado na sua banda e se diverte escrevendo músicas e fazendo shows com os outros integrantes. Ela consegue ser criativa tanto no tênis quanto na banda, o que a ajuda a se sentir confiante e otimista.

Hailey continua vencendo partidas de tênis, o que significa que ela muitas vezes perde os ensaios da banda e as aulas de piano. Ela acaba faltando a dois grandes shows da banda, porque não consegue voltar de uma partida de tênis a tempo. Independente de qualquer coisa, parece sempre haver alguém zangado com ela: os integrantes da banda, por ficarem na mão; ou o professor de piano, por ela chegar atrasada; ou a treinadora de tênis, quando os pais dela a levam embora assim que Hailey sai da quadra. E sempre tem dever de casa para fazer, o que ela acaba fazendo no carro ou tarde da noite. Hailey está morta de cansaço. Ela precisa descobrir como ser verdadeira consigo mesma para não ficar correndo em círculos.

    a. Parece que Hailey está sobrecarregada. Os professores sempre dizem que a escola vem em primeiro lugar. Talvez ela devesse simplesmente parar de fazer todas essas atividades extras para ficar mais tranquila.

b. Jogar tênis é a coisa favorita dela, sem dúvida. Hailey precisa largar o piano, ainda que ela goste de tocar na banda.

c. Hailey precisa ser sincera com seus pais e explicar como está se sentindo. O tênis a deixa mais feliz, mas isso não significa que ela queira abrir mão de todo o resto.
O esporte lhe traz muita alegria, mas a música explora a sua criatividade. Talvez Hailey possa parar com as aulas de piano, mas continuar na banda, com horários de ensaio mais flexíveis, mexendo, assim, com os seus dois canais criativos.

2. *Emma é obcecada por animais. Ela se voluntaria para todo e qualquer trabalho que consegue encontrar para cuidar de cachorros, gatos, coelhos ou até lagartos, porque ficar entre essas criaturas a faz se sentir calma, forte e poderosa. Ela ama tomar conta dos bichos, mesmo quando isso envolve pegar com a pá um punhado de grilos se contorcendo em um balde para alimentar os lagartos. Emma se inscreveu para um curso de ciência e vida depois da escola. Claro, às vezes a aula é meio chata, mas isso a está ajudando a saber mais sobre as criaturas que ama, então ela está determinada a fazê-la.*

Mas parece que os amigos de Emma estão irritados, porque eles sempre iam para a casa uns dos outros, fazer um lanche e ouvir música. Agora todos estão mal-humorados por ela não parecer tão envolvida com ELES quanto está com o lance dos animais. Emma tenta explicar que ter um gatinho assustado confiando nela, ou ajudar um cachorro medroso a aprender a cheirar o mundo externo, ou saber a maneira correta de alimentar um lagarto faz com que ela se sinta bem. Contudo, seus amigos dizem que é bizarro gostar mais de animais do que deles. Eles estão certos? Como Emma pode conciliar seu interesse em animais e o tempo que passa com os amigos e ainda ser verdadeira consigo mesma?

a. Se Emma quiser manter os amigos, ela deve largar a aula de ciência e vida e diminuir todas as atividades com os animais. Passar tempo com os seus melhores amigos é a coisa normal a se fazer. Além disso, ela não quer ficar conhecida como a menina esquisita.

b. Ela definitivamente deveria sair da aula extra. Se Emma for rápida no cuidado com os animais depois da escola, apressando-se para terminar, ela conseguirá correr e ainda passar tempo com os seus amigos.

c. Emma precisa tentar conversar com os seus amigos com sinceridade, de coração. Quem sabe eles acabem achando que seria divertido ajudar com alguns animais? Isso é obviamente a paixão da vida dela. Se mesmo assim eles continuarem chamando ela de "bizarra", será que são verdadeiros amigos? Talvez, se passasse mais tempo com uma galera mais compreensiva, Emma poderia ser ela mesma.

Respostas: Vamos por partes

Todas essas histórias têm pistas sobre o que faz as meninas serem únicas e elas mesmas. Você conseguiu pegar isso?

Nas respostas **A**, cada menina deixa que outras pessoas definam quem ela é ou o que ela deve fazer. Professores, amigos e pais estão escolhendo por elas. Hailey e Emma decidem simplesmente abrir mão das coisas que as fazem ser as suas versões mais verdadeiras.

Nas respostas **B**, cada menina tenta chegar a um meio-termo. Isso pode não ser a pior situação, mas, ainda assim, elas não conseguem ser as suas versões mais autênticas. Hailey fica com o tênis, mas perde a conexão com a banda. Emma trabalha para que os amigos entendam a sua paixão por animais, mas abre mão da aula de ciências (ela valoriza a sabedoria, então isso é uma perda).

Nas respostas **C**, ambas as meninas se posicionam de forma mais forte para serem totalmente elas mesmas. Isso tudo começa com as duas sendo sinceras e abertas, o que faz com que entendam os seus valores e pontos

Eu nasci assim?

As pessoas realmente nascem com pontos fortes naturais ou talentos incríveis? Às vezes parece que sim. Você conhece o tipo: eles são bons em *tudo* — atletas estrelas, alunos excepcionais, representantes de classe —; além disso, tudo parece tão fácil para eles.

Bem, não necessariamente. É verdade que todos nós temos *algumas* habilidades naturais. Alguns jovens têm reflexos incríveis ou uma ótima coordenação motora. Há adolescentes que conseguem memorizar vocabulários na velocidade da luz, ou alunos cujos rabiscos são melhores do que os trabalhos do professor de artes. Então, sim, talvez eles tenham iniciado a vida com algumas habilidades, mas isso é só o começo.

Cientistas descobriram que o verdadeiro poder por trás de medalhistas de ouro, de ganhadores de prêmios e de pensadores renomados é a determinação e a mentalidade de crescimento. A determinação é a disposição para fracassar e fortes. Ao pedir ajuda aos pais, Hailey tenta abrir espaço tanto para o tênis quanto para a música. Emma percebe que verdadeiros amigos deveriam deixá-la ser ela mesma, mesmo que isso signifique ser obcecada por animais.

FOCO NA CONFIANÇA

Todos sempre pensam que Madelyn é quieta, sonhadora e uma rata de biblioteca. Todos menos a própria Madelyn. Ela sempre nota a forma como meninas são tratadas em comparação com meninos. As formas sutis e não tão sutis de estereotipar. Depois de pensar sobre isso por um bom tempo, ela fala para os pais que quer ir para uma escola só para garotas, onde o ambiente pode ser totalmente voltado para as meninas e as suas conquistas.

Ao começar na escola, todas as novas amigas de Madelyn fazem parte de times esportivos: vôlei no outono, basquete durante o inverno e softbol na primavera. Isso é um problema. Ela não consegue correr ou pegar a bola ou fazer qualquer coisa que a faça merecer minimamente um espaço no time, mas não quer apenas sentar nas arquibancadas e ler. Madelyn quer estar na crista da onda, como as suas amigas atletas. A mãe dela sugere que ela tente ser líder de torcida, mas Madelyn diz "De jeito nenhum!", pois imagina as líderes de torcida em segundo plano, agitando-se e batendo palma para os meninos.

"Mas... espera um instante", pensa ela, "talvez eu precise abrir a minha mente. Eu estaria torcendo continuar seguindo de novo e de novo, e a mentalidade de crescimento é a crença em que podemos sempre aprender e melhorar. Alguns pesquisadores dizem que a determinação é mais importante do que a inteligência quando o assunto é sucesso. E uma mentalidade de crescimento realmente nos ajuda, porque é *possível* aprender inteligência e habilidades e excelência. Quando operamos com essas duas coisas, atingimos o que queremos.

Então, pergunte a qualquer uma das meninas e mulheres talentosas por aí — incluindo pessoas como Serena Williams ou Laurie Hernandez ou Beyoncé — o que é preciso. Ou leia sobre mulheres como a astrofísica Sara Seager, que ajudou a descobrir centenas de novos planetas e está obcecada em achar a próxima Terra. Todas vão dizer que é o trabalho, a repetição e a atitude que fazem a diferença. Isso apenas parece um ponto forte natural quando olhamos de fora.

para meninas — para as minhas amigas!". Ela acredita em meninas poderosas e amaria pular para cima e para baixo, gritando isso com toda a força. No entanto, Madelyn está se prendendo por causa de, humm, um estereótipo de líder de torcida? Ela foi para aquela escola para parar de ser definida pelas ideias das outras pessoas sobre o que ela ou outras meninas deveriam ser. Por que não ser a sua PRÓPRIA versão de uma líder de torcida para todas aquelas MENINAS fazendo coisas incríveis e poderosas?

Madelyn entra para a equipe e surpreende toda a sua família. Uma líder de torcida, não uma rata de biblioteca? Agitando-se, gritando e liderando as torcedoras para impulsionar meninas atléticas e fortes — agora Madelyn abriu a sua cabeça e está fazendo aquilo em que acredita: sendo uma verdadeira nova versão de si mesma.

ESPELHO, ESPELHO MEU REVISITADO

Não há como destacar isso o suficiente, a não ser continuar repetindo: SEJA VOCÊ MESMA. E isso significa se PAREÇA VISUALMENTE COM VOCÊ MESMA também.

Para algumas meninas, ter um visual autêntico significa short de academia e camisetas confortáveis. Para outras, significa um suéter antigo e uma saia rodada ou criações supermodernas costuradas à mão. Tudo isso é maravilhoso. Não existe estilo certo ou errado. Se você usa as suas roupas para se expressar, então você é a única que tem que gostar delas. (Bem, pais e mães precisam estar de acordo também.)

É fácil acreditar que o seu exterior (a sua aparência) encaixa com o seu interior (a sua noção de eu). Para algumas adolescentes, como Toni no nosso próximo Foco na Confiança, o corpo pode não encaixar com o seu verdadeiro eu, e aí é preciso dar um passo corajoso e se revelar para o mundo, especialmente quando esse eu é inesperado ou não convencional. Adolescentes assim batalham para, literalmente, ser elas mesmas, então ter um visual que seja equivalente ao verdadeiro eu delas ou se vestir como o seu verdadeiro eu é uma vitória incrível.

FOCO NA CONFIANÇA

Desde que consegue se lembrar, Toni sente que está no corpo errado. Quando nasceu, a certidão de nascimento dizia "sexo masculino". Durante os primeiros anos de vida, todos a chamavam de menino. A primeira vez que ela mostrou um pouco do seu verdadeiro eu para os seus amigos foi durante uma sessão de "compartilhamento" da segunda série. Mesmo ainda sendo "Tony", vestindo calças moletom masculinas e uma camiseta, ela trouxe um batom para compartilhar com os colegas. E, para a sua sorte, os amigos de turma, as meninas e os meninos, ficaram curiosos, reagindo em grande parte numa boa e a apoiando. Então Toni começou a mostrar, em pequenos gestos, a pessoa que era no seu interior. Ela começou a usar mais coisas de "menina", como uma fivela de cabelo, um arco e depois esmalte e pulseiras. Ela mudou a forma como o seu nome era soletrado de Tony para Toni, escrevendo TONI em letras grandes e garrafais nos textos, nas pastas e na lancheira. Ela trocou as camisetas lisas de menino por umas com flores e unicórnios. Ser menina significa coisas diferentes para diferentes meninas, mas, para Toni, significava a liberdade de ter a aparência de uma menina. Os pais dela a ajudaram a ir aos poucos, a dar um passo de cada vez. E ela fez isso. Todos os adultos ficaram preocupados, com medo de Toni sofrer bullying, ou achando que poderia ser só uma fase, ou temendo que ela se magoasse. Mas Toni sabia que estava simplesmente se tornando quem ela deveria ser desde sempre.

Depois de meses de transição gradual das roupas de menino, ela colocou o seu primeiro vestido. Uma vez que o vestiu, isso refletiu perfeitamente a pessoa que Toni sempre tinha sido dentro de si. Houve algumas crianças no parquinho ou no refeitório que a interceptaram e a zoaram. Mas os alunos da segunda série, aqueles que a viram deixar as roupas velhas e vestir as novas, aglomeraram-se em volta dela, gritando de volta: "Está olhando o quê? É só uma menina!". Ela não se sentiu mais sozinha e no corpo errado, Toni se sentiu como uma versão confiante de si, apoiada por uma comunidade incrível. Ela ainda não acha que fez alguma coisa particularmente valente e corajosa; apenas acha que finalmente se tornou ela mesma.

Escute você mesma. Conheça você mesma. Entenda você mesma. E começará a se sentir pronta para agir.

245

MENINAS DE ATITUDE

Lexi Proctor, de 12 anos, sempre amou cabelo encaracolado... e o dela é muito cacheado! Mas, no jardim de infância, ela sofreu bullying de meninas que disseram que ela tinha cabelo "de arbusto" e que zoaram o seu tom de pele mais escuro: "Eu não entendia por que elas me tratavam assim e fiquei com medo de ir à escola. Fiquei muito encanada. Então mudei o meu cabelo". Por anos, Lexi usou tanta química para alisá-lo que o cabelo que um dia tinha sido lindo ficou danificado.

Então ela se sentiu inspirada por uma foto de uma menina de pele mais escura e cujo cabelo era naturalmente cacheado. "Eu pensei: 'Ela não está com medo, *ela está totalmente confiante*'." A imagem dessa menina corajosa ficou com Lexi e acionou um interruptor na sua mente. Ela tinha encontrado um exemplo de vida incrível. E sabia que estava na hora de libertar os cachos. No entanto, Lexi estava morrendo de medo dos xingamentos recomeçarem. Mesmo assim, ela se olhou no espelho demoradamente e disse a si mesma: "Quero ser EU. Quero que as pessoas me vejam e não que vejam uma menina que está escondendo quem ela realmente é. Se não gostarem, azar o deles! Isso é problema meu. Quem são eles para se meter?". Ela repetiu isso para si mesma várias vezes, mantendo em mente o quanto se sentiria aliviada de parar de esconder o seu verdadeiro eu.

Ao deixar o cabelo natural, Lexi disse: "Amei tanto que decidi que queria escrever um livro para jovens como eu. Realmente quero fazer com que meninas se sintam bem sobre quem elas são, especialmente aquelas meninas que não amam o próprio cabelo ou a cor da sua pele." (O movimento dela se chama Cacheadas!) O seu primeiro livro se chama *Curly Girls Love Your Curls* [Meninas cacheadas, amem seus cachos], e o segundo, *The Ice Cream Talk: Loving the Skin You're In* [A teoria do sorvete: Ame a pele que você habita]. "As pessoas da minha família têm tons de pele variados. Uma vez alguém achou que a minha avó não era a minha avó, e isso realmente me magoou. A minha vó me falou que as pessoas são como sorvete; elas vêm em muitos sabores diferentes, mas, por baixo disso, são todas iguais."

CAPÍTULO 10

TORNANDO-SE UMA MENINA DE AÇÃO

Ação e confiança são inseparáveis. A essa altura, você já sabe disso.

Agir constrói confiança. Confiança nos ajuda a agir.

E todas as formas e os tamanhos de ação são ótimos. Mas agora você está pronta para começar a pensar sobre ações que não são somente para você. Pode começar a pensar para além de si. Chamamos esse salto de ir do
EU AO NÓS.

Entenda por que isso é tão potente:

UM CONTO DE DUAS AÇÕES

Feche os olhos. Pense em uma ação que exige correr um risco, porém do seu ponto de vista — tipo levantar a mão em sala de aula, pedir ajuda a uma professora ou pedir ao motorista do ônibus para parar. Como isso faz com que você se sinta?

Agora, pense sobre agir para ajudar alguém. Algo que você faria para outras pessoas, ou uma causa com a qual se importe, como confortar a sua irmã quando ela estiver triste, ou ajudar vítimas de um desastre natural, ou tentar salvar animais ameaçados de extinção. Feche os olhos de novo. Crie uma imagem clara na sua mente do que você iria querer fazer. Como isso faz com que você se sinta?

Há uma diferença entre esses dois cenários?

Talvez você se sinta mais empoderada, mais empolgada, talvez sinta um puxão maior no coração, assim

Meninas Meninos Gurus

Os irmãos que fundaram a organização WE são tão legais que decidimos incluí-los aqui, apesar de eles não serem meninas! Craig e Marc Kielburger são conhecidos como *empreendedores sociais*, pois os dois começaram um poderoso empreendimento que não tem como finalidade ganhar dinheiro. O principal objetivo do WE é oferecer às pessoas ferramentas simples para ajudar a criar mudanças sociais positivas, tanto em comunidades locais quanto ao redor do mundo. Um dos segredos deles: recrutar jovens empolgados de todas as idades e ajudá-los a se envolver. A equipe WE cria grupos em escolas, guia famílias que querem participar e orienta aqueles jovens que chegam com projetos próprios.

Aos 12 anos, Craig era extremamente tímido e tinha uma dificuldade na fala. Certa vez, ele viu um artigo sobre um menino paquistanês da idade dele que havia sido assassinado com um tiro ao protestar como um calorzinho gostoso de felicidade, ao pensar em agir a favor de alguma coisa exterior a você — seja ajudar seus familiares e amigos, seja promover ações para o abastecimento de água limpa a quem precisa, de conscientização a respeito do aquecimento global, contra testes de laboratório usando animais, pela erradicação da pobreza ou qualquer outra causa. Passar do *Eu ao Nós* é um movimento poderoso de pensamento.

A CIÊNCIA DO EU AO NÓS

Psicólogos descobriram que mudar os nossos circuitos de *pensar somente eu* para *pensar nós* traz muitos benefícios para o cérebro. Parar de se concentrar em você e tornar os outros uma prioridade vai diminuir o estresse e a ansiedade e vai aumentar a sua felicidade. Também aumenta a sua confiança. Por quê? Pesquisadores descobriram que isso faz com que você ultrapasse a questão de estar muito consciente de si sobre se arriscar ou agir. Estudos mostram que jovens mulheres — recém-formadas no ensino superior — que estavam nervosas sobre novos empregos ficavam mais confiantes quando se concentravam menos nelas e mais em como elas poderiam ajudar os seus supervisores, a equipe ou uma causa.

De fato, outros estudos demonstram que meninas e mulheres parecem se sentir particularmente atraídas pela ideia de ajudar. Talvez seja

contra o trabalho infantil. A morte daquele menino passou a assombrá-lo, então Craig juntou coragem para perguntar — gaguejando — aos colegas de turma se eles o ajudariam a tornar os direitos infantis a causa deles. Onze colegas disseram que sim. Isso, por fim, acabou se tornando o WE, que hoje em dia conta com 3,8 milhões de jovens e suas famílias, engajados mundo afora. Aqui está a mensagem de Craig: "Não estamos esperando para nos tornarmos adultos! Não precisamos esperar até crescermos, ou termos um emprego com título chique, para começarmos a fazer alguma coisa. Se você quer mudar o mundo, comece agora". Quando você for fazer a sua pesquisa para ter ideias e buscar apoio, o WE pode ser um bom local para se informar. Dê uma olhada neles. Mantenha em mente: meninas costumam ser mais motivadas por causas do que meninos. Craig nos contou que 80% (oitenta por cento!) dos jovens voluntários são meninas.

o nosso cérebro, com as suas conexões emocionais mais ativas — cientistas não sabem ao certo. Mas, ao escolher uma carreira, mulheres, mais do que homens, valorizam uma missão ou causas fortes, ou preferem trabalhar para empresas que façam algo de bom pela sociedade. E estudos mostram que meninas vão se arriscar e agir muito mais se estiverem envolvidas em um projeto pelo qual se sentem empolgadas.

EU AO NÓS EM AÇÃO

Leni ama a ideia de correr para arrecadar dinheiro para doenças que afligem membros da sua família, como epilepsia e diabetes. Mas a sua asma torna difícil para ela se inscrever em corridas. Em vez disso, a mãe de Leni sugeriu que ela se voluntariasse para distribuir água e laranja para os atletas durante uma maratona local. Isso é excelente: ela ajuda e ainda sente como se fosse parte da solução.

O lugar favorito de Kennedy no mundo inteiro é a biblioteca. Desde que se lembra, ela vai lá quase todo dia: para pegar um livro ou olhar ao redor ou ficar para ouvir uma das leituras. Então fez total sentido que ela se inscrevesse para trabalhar na feira do livro da biblioteca — organizando livros e simplesmente fazendo o que estava ao alcance. Ela não tinha ideia de como seria boa a sensação de ajudar pessoas a encontrar coisas legais para ler.

Chloe mora em um prédio sem elevador. Carol, a vizinha dela, tem por volta de 70 anos e mora no último andar com seus gatos. Chloe adora ouvir as histórias divertidas da vizinha e brincar com os gatos. Carol precisa subir cinco andares de escada com compras pesadas, areia dos gatos e roupas limpas. Chloe se preocupa com ela, então elabora um plano para Carol deixar as coisas mais volumosas no primeiro andar e enviar uma mensagem para ela. Toda vez que ajuda a vizinha a subir com as sacolas, ela sente uma pontada de alegria.

ADVERTÊNCIA: EU AO NÓS FAZ O CORAÇÃO CRESCER

EU AO NÓS PRECISA DE UM EU FORTE.

Uma menina confiante se move no mundo a partir de um lugar de força. A vida frequentemente vai apresentar desafios difíceis, confusos e aparentemente injustos para você. Antes de poder advogar pelos outros, é preciso se lembrar outra vez de que é necessário ser a sua própria campeã.

MANIFESTO DA MENINA CONFIANTE

(Leia isso em voz alta pelo menos uma vez por semana.)

◆ Eu tenho o direito de ser tratada com respeito.

◆ Eu tenho o direito a ter limites e espaço para mim.

◆ Eu vou me colocar e agir quando alguém ou alguma coisa estiver me deixando desconfortável.

◆ Eu nem sempre agrado às outras pessoas — essa não é a minha função.

◆ Sou leal a amigos e familiares, mas também aos meus valores, a fazer a coisa certa.

◆ Sou forte o bastante para lidar com as consequências das minha ações.

◆ Vou procurar um adulto em quem confio quando precisar de ajuda.

AQUECENDO A CONFIANÇA

Então, como começamos? Olhe para a sua lista de pontos fortes e de valores. O que te empolga ou te deixa com raiva? Aqui estão algumas oportunidades do cotidiano:

1. Pessoas na escola estão cochichando coisas não muito legais sobre alguém, ou usando estereótipos nojentos. Você poderia:
   a. Juntar-se a amigos que entendam como é ser um alvo.
   b. Conversar com outros alunos solidários, com professores ou com o orientador escolar sobre maneiras de criar ambientes escolares seguros e acolhedores.
   c. Pegar algumas ideias on-line sobre como começar um grupo para promover uma agenda antiódio.
2. Montes de lixo estão empilhados fora do refeitório porque os alunos são muito preguiçosos para usar as lixeiras. Você poderia:
   a. Ajudar a começar um grupo de reciclagem e compostagem.

    b. Organizar uma equipe de alunos para limpar com você em troca de horas de serviço social.

    c. Tirar fotos e escrever um artigo para o jornal da sua escola.

3. O código de vestimenta realmente te deixa louca e faz com que fumaça saia das suas orelhas. Você poderia:

    a. Concorrer para o conselho estudantil para que possa tacar fogo (ou riscar com uma caneta) no código de vestimenta quando tiver assumido a sua função.

    b. Formar uma comissão com outros alunos e marcar uma reunião com o diretor sobre como fazer mudanças.

    c. Juntar-se a outros jovens nas redes sociais e ver o que funcionou em outras escolas.

Lembre-se: você tem muito a oferecer. Mesmo quando estamos fazendo algo que amamos, ou algo que não parece tão difícil — como cantar em um coral, concorrer para o conselho estudantil ou ajudar um irmão irritante —, há sempre um benefício para os outros que podem curtir as nossas músicas, aprender com as nossas ideias e ter o nosso apoio.

ENTRE NO SEU PRÓPRIO RITMO: DICAS PARA GRANDES AÇÕES

Quando ações se tornam muito grandes, quando elas têm um objetivo mais profundo, chamamos isso de ATIVISMO.

Antes de você colocar a sua capa de super-heroína e começar a querer saltar de um edifício gigante de uma só vez, mantenha essas dicas em mente.

HORA DO OBJETIVO. Contamos para você que a ciência mostra que declarar ou escrever um objetivo aumenta as chances de realmente REALIZÁ-LO, de verdade, independentemente do que for. Além disso, a zona de prazer do cérebro (lembra do nosso diagrama do cérebro?) responde à satisfação de determinar um objetivo e então riscá-lo da lista. Até mesmo pequenos objetivos (comer um bom café da manhã ou escrever no seu diário todo dia) fazem esse centro de prazer acender. Mas lembre-se: não se torne uma perfeccionista! É realmente importante ser FLEXÍVEL com os seus objetivos. Caso contrário, você pode perder uma oportunidade legal no seu caminho só por isso não estar na sua lista. Ajuste conforme for. Um objetivo é apenas uma ferramenta para te ajudar a seguir adiante.

NÃO FAÇA SOZINHA! Encontre pessoas que se importem tanto quanto você sobre o que quer que você queira fazer. Mais cabeças conseguem fazer mais coisas. Além disso, é duas vezes mais divertido e inspirador. Comece a falar com pessoas, ou poste uma petição para ver quem se interessa. Ou faça uma lista de ideias com um adulto de quem você goste.

Jazmin é meio solitária. Ela sente como se estivesse pairando à margem da vida. Ela passa muito tempo sozinha on-line, obcecada em pesquisar como educação básica é negada a meninas ao redor do mundo. Ficar pensando nessas coisas a deixa ansiosa e pode fazer com que se sinta mais isolada. Mesmo sendo difícil para ela se expor, Jazmin decide conversar com o seu conselheiro escolar sobre começar uma comissão de liderança para meninas de modo a aumentar a consciência sobre o problema. Ela e o conselheiro fazem uma reunião na qual diversas outras meninas comparecem. No fim das contas, elas se importam tanto quanto Jazmin, que realmente gosta de trabalhar e de conversar com as meninas. Agora todas estão explorando juntas, e conseguir fazer algo parece possível!

DIGA COM VONTADE! A nossa voz é a ferramenta mais poderosa que temos. A linguagem usada ajuda a nos tornar uma Menina de Ação. Independentemente de estar falando em aula ou escrevendo uma carta, seja ativa, positiva e clara. E aqui está um grande truque: lembre-se de *Eu ao Nós* quando se sentir nervosa. Você se sentirá mais confiante se disser a si mesma que está falando por outros ou por algo que vai além de você mesma. Lembre-se: só de estar se colocando, a respeito de qualquer coisa, você já vai inspirar outras.

Alice notou uma coisa que realmente a incomodou em um passeio da escola. As meninas estavam todas de pé na parte de trás do grupo, e nenhuma delas estava levantando a mão para fazer perguntas — apenas os meninos. Ao chegar em casa, ela comentou isso com a sua mãe, dizendo que sente como se meninas com frequência estivessem simplesmente com medo de serem ouvidas — e se elas cometerem um erro? Então, na reunião seguinte de Escoteiras Mirins, Alice e a sua mãe abordaram o assunto de as meninas não levantarem a mão. Alice e o grupo decidiram fazer pressão por um novo distintivo chamado "Levante a mão". Agora esse distintivo está disponível para que as escoteiras o ganhem — na verdade, já está esgotado. A mensagem: meninas têm informação e cérebro. Elas deveriam ter confiança suficiente para se colocar, para aprender a liderar ao levantar a mão. Tudo bem se você não souber a resposta.

AQUECENDO A CONFIANÇA

Comece a notar o modo como você fala as coisas. Você está se colocando para baixo ou se zoando para parecer mais modesta? Todos temos esse hábito. Mas evite isso quando estiver sendo uma Menina de Ação. VOCÊ é poderosa, então as suas palavras precisam se alinhar a isso. Veja a diferença.

O que NÃO dizer	O que dizer
• "Essa pode ser uma pergunta idiota..."	• "Olá, essa é uma boa hora para conversarmos?"
• "Com licença, me desculpe, não queria incomodar..."	• "Tenho uma pergunta."
• "Não ligo, dane-se..."	• "Eu queria ver aquele filme, e você?"
• "Humm, esse projeto está bom? Não tenho certeza."	• "Acho que esse projeto está excelente."

AVALANCHE DE DESCULPAS. Pedir desculpas desnecessariamente é tão epidêmico que decidimos criar uma categoria separada para isso. Já notou que meninas e mulheres pedem desculpas o tempo todo? Dizer "desculpa" é apropriado e gentil quando fazemos algo errado, machucamos os sentimentos de alguém, interrompemos uma conversa ou deixamos um amigo esperando.

Mas meninas geralmente enchem suas falas de desculpas mesmo quando não temos nada pelo que nos desculparmos! Alguns cientistas sociais pensam que é em parte porque somos muito sensíveis aos sentimentos dos outros. Algumas de nós podem achar que soa educado dizer ao garçom:

"Desculpa, pedi o milkshake de chocolate, não de morango." Ou que soaria menos agressivo colocar um desculpa antes de "eu discordo". Quaisquer que sejam as causas ou razões, pedir desculpas constantemente faz com que você não soe nada confiante. Dê uma olhada no comercial empoderador da Pantene "Not Sorry", mostrando mulheres repensando o pedido de desculpas.

NOTE quão frequentemente você utiliza a palavra desculpa e pense se quis dizer isso mesmo. Você começa conversas com "Me desculpe" mesmo quando, na verdade, não quer se desculpar por nada? Você rapidamente pede desculpas por coisas normais, do dia a dia, que todo mundo faz, como perder um lance no jogo ou errar uma nota musical ou passar perto de alguém no corredor? Pedir desculpas apenas quando for realmente necessário vai fazer com que você seja mais direta, mais poderosa e vai tornar os seus pedidos de desculpas mais genuínos quando de fato precisar deles.

SINTA-SE À VONTADE PARA SER CHATA! Nem todo mundo vai receber bem o seu ativismo. Mudanças não são fáceis, e muitas pessoas preferem não ouvir nada sobre isso.

Você detesta a ideia de que os animais de estimação das escolas são deixados sozinhos aos finais de semana no prédio escuro e cheio de eco. Então você propõe uma folha de inscrição para o seu professor, de modo que os alunos levem os bichinhos para casa de sexta a domingo. Como isso é mais uma coisa que ele precisará organizar, ele é pouco encorajador. Você decide que vale a pena ser chata, desde que seja educada, para tornar a vida daqueles animais mais confortável. Você se oferece para fazer as folhas de inscrição e se certificar de que tudo corra bem.

MANTENHA EM MENTE: Confiança é algo contagiante. Ela se espalha como manteiga na torrada quente quando compartilhada com amigos. Se você está próxima de outros que são confiantes e positivos, o córtex pré-frontal do seu cérebro — o ponto central do pensamento racional — acende, fazendo com que você se sinta confiante também. Estudos mostram que mulheres e meninas estão mais dispostas a FAZER coisas arriscadas, a agir de forma grandiosa, quando um amigo ou uma pessoa que elas respeitam simplesmente dá força. ENTÃO. . .

AQUECENDO A CONFIANÇA

Diga à sua amiga para:

    (Pegue o seu celular e faça isso agora, se puder!)

    Concorrer ao conselho estudantil,

    Ou vender as bijuterias dela em uma feira de
        artesanato,

    Ou fazer um teste para entrar em algum time,

Ou juntar os contos que ela escreveu em um livro.

Ou _____ (Preencha aqui.)

Palavras têm um grande impacto nas pessoas. E se os seus amigos são proativos também, imagine quantos vocês podem inspirar.

Agora você entendeu: agir significa que você pode fazer uma diferença no seu mundo, de maneiras que você pode definir — grande ou pequena, global ou pessoal. Dê uma olhada na parte 2 de "Imani encontra o seu poder". Imani consegue se tornar confiante, eliminar um pouco de estresse e acolher o "bom o bastante" ao correr para agir a respeito de um problema com o qual ela realmente se importa.

Encontre a sua paixão e use-a de uma maneira que pareça verdadeira e autêntica para você e junte-se ao exército de MENINAS DE AÇÃO.

Agarrando a confiança!

IMANI ENCONTRA O SEU PODER, PARTE 2

MENINAS DE AÇÃO

Quando Sara Shamai tinha 15 anos, a mãe dela voltou de uma viagem ao Haiti e contou para ela sobre a situação dos orfanatos lá, incluindo a falta de coisas básicas, como roupas íntimas, para muitas das meninas órfãs. "Pensei em como eu não poderia viver sem roupas íntimas e como pode não ocorrer às pessoas de doar algo assim. E não ter calcinha e sutiã é uma coisa vergonhosa para aquelas meninas, e pode ser difícil demais pedir isso para alguém. Eu realmente conseguia entender como se sentiam e queria ajudar." Mas ela também é tímida, e superar isso não foi fácil. Sara começou com amigos e familiares: "Sair da minha zona de conforto era assustador, mas a ideia de ajudar essas meninas fez com que eu me sentisse melhor".

Ela levou as primeiras doações de roupas íntimas para o Haiti com a sua mãe, então ficou ainda mais motivada. Depois disso, Sara começou a ser capaz de se colocar para falar diante de grupos para tentar levantar dinheiro. Ela fez um fundo de caridade e um site chamado Haiti Undergarments for Girls (HUGs) e retornou ao Haiti muitas outras vezes. "Eu achava que seria algo bem pequeno, então fiquei muito feliz e surpresa com o fato de termos conseguido alcançar tantas pessoas." Agora Sara está expandindo, vendendo bolos e outros produtos na feira local que ela e os amigos fazem e conseguindo pessoas que a patrocinem nas corridas de 5 quilômetros. Ela diz: "Todo mundo pode se expor e ajudar; mesmo pequenas coisas contam".

JUNTANDO OS PEDAÇOS DO CÓDIGO

OK, então aqui está o que deveria estar gravado na sua memória desses três últimos capítulos: *Seja você mesma!*

1. Arrisque-se mais!
2. Pense menos!
3. Seja você mesma!

Este é o último pedaço do código, o último fio dourado. Use-o para ajudar você a *desligar* instintos perfeccionistas, tendências a agradar as pessoas e expectativas não realistas, e para *ligar* o seu eu autêntico. Não há nada mais poderoso, mais confiante do que ser você!

CAPÍTULO 11
CRIANDO O SEU PRÓPRIO CÓDIGO DA CONFIANÇA

Chegou a hora. Nós cobrimos muitos conceitos e você passou por todos eles. Agora está pronta para montar o seu próprio Código da Confiança.

Demos uma prévia no final de cada seção das partes básicas, mas realmente achamos que VER o processo de criar o código pode ajudar. Pense nas próximas páginas como um grande quadro branco. Fizemos um esboço de como tudo que você leu no livro está condensado em três elementos e, a seguir, como isso se junta em um Código da Confiança simples, porém poderoso.

O processo (às vezes) bagunçado de fazer o código

TENTE FRACASSE REPITA REPITA
ACREDITE NOTE REPITA
E SALTE AJA REPITA

ARRISQUE MAIS

+

PENSAMENTO A MIL
CATASTRÓFICO
AMIZADE CONFIANTE
FIASCO NO TELEFONE
MUDE O CANAL
RECONECTANDO

VALORES FISS SPELHO
PONTOS FORTES ESPELHO MEU
PROPÓSITO BOM NO
NÃO BASTANTE PERFEIÇÃO
E VÃO NÓS

+

PENSE MENOS

SEJA VOCÊ MESMA

=

ARRISQUE-SE MAIS
+ PENSE MENOS
+ SEJA VOCÊ MESMA

O Código da Confiança

Então é assim que o Código da Confiança é feito. Aqui está como gostamos de imaginar o produto final:

PERSONALIZE O SEU CÓDIGO

Siga aquele código e você estará no caminho certo para uma vida confiante. Mas nem todo código precisa dizer *Arrisque-se mais/Pense menos/Seja você mesma* — essas são apenas descrições amplas sobre como construir confiança. Escolha o que combina com você. É como olhar um cardápio, escolha o que parecer atraente! (Vamos até mesmo mostrar como diagramar o seu código a partir do nosso *template* on-line.)

O seu código deve ser fiel a você ao identificar como você quer atacar os riscos, conter os pensamentos que superanalisam tudo e celebrar o seu verdadeiro eu. E, uma vez que chegar lá, nada está escrito em pedra. Você pode mudar o seu código com a frequência que quiser.

Para começar, aqui estão alguns exemplos dos códigos de outras meninas. Você pode pegar coisas diretamente de qualquer um desses ou simplesmente deixar que eles te inspirem.

ARRISQUE-SE MAIS

Tentar algo novo todos os dias

Não se esconder do que parece impossível

Ser corajosa

Não dizer "nunca"

Difícil é incrível

Nunca desistir

Falar com pessoas novas

PENSE MENOS

Não ficar obcecada

Mais diversão, menos brigas

Menos tempo em conversas on-line

Dar uma volta

Jogar basquete

Pôr uma música para tocar

Falar para o cérebro calar a boca quando estiver a mil

SEJA VOCÊ MESMA

Fazer coisas que sejam importantes para mim

Vestir o que me deixa feliz

Ficar feliz por me perder totalmente no meu livro

Ser uma artista incrível

Dizer o que realmente penso

Ficar de boa se as pessoas não me entenderem

Me aceitar como eu sou

SUA VEZ

Se você ainda está ponderando quais poderiam ser as suas versões pessoais de *Arrisque-se mais/Pense menos/Seja você mesma*, tente essas formas para despertar a sua imaginação. Pegue o seu Caderno da Confiança e dê uma olhada nos pontos fortes e nos valores que você anotou a partir do Capítulo 9. Isso ajuda a definir o seu Código da Confiança? Ou dê uma olhada na lista de objetivos saudáveis e positivos que você fez no Capítulo 10. Isso ajuda a fixar algumas coisa?

Ou tente pensar assim:

Eu vou _____.

Eu não vou _____.

Eu sou _____.

Vamos ver o que outras meninas imaginaram para os seus códigos. Para Susannah, a variação dela de *Arrisque-se mais/Pense menos/Seja você mesma* é:

Não recuar nunca/Parar de procrastinar/Ousar ter um visual diferente daquele das minhas amigas.

Para India, é:

Sentar com alunos diferentes na hora do almoço da escola/Não esconder como me sinto/Passar tempo com a minha família.

Para Charlotte, é:

Fazer testes para uma coisa nova todo semestre/ Parar de me importar (e chorar) com quantas curtidas eu ganho/Ser tão nerd quanto eu quiser, desde que eu esteja feliz!

Aqui está o da Della:

Não desistir nunca/Ignorar julgamentos/Me aceitar como sou.

E aqui está o da Poppy:

Vou tentar algo novo todos os dias/Não vou ficar tanto tempo no celular/Vou fazer o que é importante para mim (balé).

CÓDIGO EM AÇÃO

Quando estiver pronta para juntar as partes do seu código, você pode tirar uma cópia daquele em branco na página 276 ou acessar o site www.confidencecodegirls.com. Preencha o seu código e o imprima para colocar sobre a sua escrivaninha, na sua mesa de cabeceira, embaixo do travesseiro ou em qualquer outro lugar onde você o verá constantemente. Ou você pode compartilhá-lo, salvar como pin ou postá-lo nas redes sociais. Você é quem decide.

E é possível fazer quantos códigos quiser — mudando, revisando e refazendo-os de novo e de novo. Faça isso uma vez por semana, uma vez por mês ou uma vez por ano. Como dissemos, o código serve para mostrar o que torna você VOCÊ, então pode sempre se transformar. A cada dia, a cada semana, pode ser que pareça completamente diferente, e tudo bem. Uma vez que a sua confiança começar a aumentar, o Código da Confiança precisará se adaptar.

Mantenha-o visível o tempo todo, nos murais, nos feeds, na sua mente. Você verá como seguir o código irá se tornar tão instintivo quanto memória muscular, tão natural quanto andar de bicicleta, ler um livro ou mandar mensagem do seu celular.

Então ponha esse livro de lado e vá fazer o seu próprio Código da Confiança e deixe que a sua vida confiante comece.

AGRADECIMENTOS

Conforme trabalhamos neste projeto, nos beneficiamos enormemente de ajuda e de apoios significativos e generosos.

Primeiro, queremos agradecer às nossas filhas, Della, Poppy e Maya. Elas foram a nossa inspiração, é claro, mas também as nossas mais fortes campeãs, as críticas mais duras e as editoras mais perspicazes.

Somos eternamente gratas à nossa coautora e colaboradora, JillEllyn Riley, que nos ajudou a entrar fundo na mente das meninas e trouxe para o projeto paixão, sabedoria e organização incríveis.

JillEllyn agradece a Claire e a Katty por terem-na incluído nesta aventura sobre a construção da confiança — foi uma honra trabalhar ao lado dessas mulheres fortes, inteligentes e poderosas, sem falar superdivertidas.

Nós três queremos agradecer em especial à Nan Lawson, cujos gráficos e ilustrações cativantes dão vida ao livro. Sabíamos que o produto final tinha que ser visual e cheio de histórias, e ela transformou o *Guia da garota confiante* em algo cheio de alegria.

Agradecemos muito também à nossa sábia e paciente editora, Sara Sargent, que apoiou a nossa visão desde o começo; à nossa incrível agente, Christy Fletcher, que astutamente entende tudo, inclusive a mudança de mulheres para meninas; à Sylvie Greenberg, que ajudou a tornar isso uma realidade com uma graciosidade aparentemente sem esforço; e à equipe de primeira linha da HarperCollins, com a sua experiência e dedicação para criar algo distinto e único para meninas: Suzanne Murphy, Kate Jackson, Andrea Pappenheimer, Barbara Fitzsimmons, Alison Donalty, Michelle Cunningham, Camille Kellogg, Bethany Reis, Alana Whitman, Nellie Kurtzman, Stephanie Boyar e Cindy Hamilton. Em especial, nos sentimos muito sortudas por termos trabalhado com Alison Klapthor, a nossa maga do design, que foi muito paciente e infinitamente criativa.

Por todo o seu trabalho árduo e determinação e inventividade a respeito de tudo, desde checar os fatos até a descoberta das **Meninas de Ação**, agradecemos à nossa pesquisadora obstinada, Hannah Lapham Tucker.

Este livro não poderia ter acontecido sem as dezenas e dezenas (e dezenas!) de meninas com quem conversamos por todos os Estados Unidos. Agradecemos a ela e aos seus pais por confiarem a nós as suas histórias e experiências, as suas vulnerabilidades e sucessos, os seus pesadelos de confiança e as suas aspirações confiantes. Ao longo do livro, trocamos diversos nomes para proteger a privacidade das pessoas envolvidas. As vozes dessas meninas enchem o livro de relevância, sentido e humor.

Em especial, agradecemos às seguintes meninas por compartilharem tanto do tempo delas: Alana, Alexandra, Angelica, Anu, Ashley, Avery, Bella, Bianca, Carine, Celia, Edyth, Eva, Grace, Janvi, Juliette (Jules), Malia, Mary Beth, Mia, Mikala, Morgan, Nora, Penelope, Rosaylin, Ruby, Sofia, Soleil, Sophie, Vrunda e Willa.

Somos gratas às nossas **Meninas de Ação** por terem se colocado para que fossem ouvidas: Aneeza Arshad, Shiloh Gonsky, Gracie Kuglin, Olivia Lee, Cordelia Longo, Gloria Lucas, Samera Paz, Lexi Proctor, Sarah Shamai e Amaiya Zafar.

E muito obrigada ao nosso grupo de jovens editoras/leitoras: Ava Gregory, Asmi Pareek, Liane Bolduc, Sasha e Romy Ugel, Emma Gutnikoff, Antonia Brooks e Mia Green. As suas edições cuidadosas tornaram o livro muito melhor.

Embora este projeto tenha surgido do trabalho e da pesquisa para o nosso livro adulto, o *Guia da garota confiante* é, na verdade, algo totalmente diferente. Estávamos determinadas a fazer algo que fosse cativante e interativo, recheado de técnicas de terapia cognitivo-comportamental que poderiam verdadeiramente ajudar a mudar hábitos e mentalidades. Queríamos que os testes, as cenas e as dicas tivessem base científica e que fossem colocados de maneira que dialogassem com meninas. E, para isso, precisávamos de orientação. Somos gratas por termos tido a ajuda de três gurus especiais: Rachel Simmons, Bonnie Zucker e Phyllis Fagell — todas estiveram dispostas a ler e a dar conselhos e a nos dizer francamente o que funcionaria e o que não funcionaria. Elas aumentaram nossa confiança enormemente.

Por mais inspiração e apoio, somos imensamente gratas a Susannah Shakow, Wanda Holland Green, Sherica White, Caroline Miller, Weezie Parry, Desha Golden, Marissa Rauch, Craig Kielburger e Jim Steyer.

Montes de gratidão para Ariel Aberg-Riger, Heather Myers e toda a equipe do Spark Nº 9, pela contribuição generosa de tempo e de criatividade no projeto.

Katty agradece aos filhos dela, Felix e Jude, por serem gentis e amorosos, e a Tom, por ter mantido a sua esposa exausta mais calma e por ser um exemplo tão incrível aos seus filhos e filhas. E Awa, por sua amizade, sabedoria e sorrisos infinitos.

Claire agradece ao seu filho Hugo, que a encorajou, deu dicas de beisebol em momentos essenciais e muitos abraços; Jay, que mais uma vez a ajudou a acreditar que um novo caminho era possível; e Janet, que a manteve rindo e fez malabarismos simultaneamente.

JillEllyn é eternamente grata a Caroline, Jessica, Jodi, Kathryn, Kim, Lori, Matthew, Melissa, Meredith, Nely, Patricia e Penina, pelos conselhos sábios e generosos. A Alan, Cullen e Eoin — grande coração, grande amor. Para Miles, como sempre.

INDICAÇÕES

Há muitos escritores, intelectuais, pesquisadores e cientistas sociais incríveis fazendo trabalhos importantes com e para meninas, e é emocionante termos sido ajudadas e inspiradas por eles.

Aqui estão algumas indicações adicionais de que você pode gostar, incluindo livros valiosos para mães/pais e maneiras legais de acessar pontos fortes e valores, além de ótimas organizações para meninas darem uma olhada.

LIVROS

Alvord, Mary Karapetian, Judy Johnson Grados, and Bonnie Zucker. *Resilience Builder Program for Children and Adolescents: Enhancing Social Competence and Self Regulation: A Cognitive-Behavioral Approach.* Champaign, IL: Research Press, 2011.

Brown, Lyn Mikel. *Powered By Girl: A Field Guide for Supporting Youth Activists.* Boston: Beacon, 2016.

Cain, Susan. *Quiet Power: The Secret Strength of Introverts.* Nova York: Penguin, 2016.

Dweck, Carol S. *Mindset: Changing the Way You Think to Fulfil Your Potential*. Londres: Little, Brown, 2012.

Paul, Caroline. *The Gutsy Girl: Escapades for Your Life of Epic Adventure*. Nova York: Bloomsbury USA, 2017.

Radin, Stacey, e Leslie Goldman. *Brave Girls: Raising Young Women with Passion and Purpose to Become Powerful Leaders*. Nova York: Atria, 2016.

Rendall, David J., e Eric Smoldt. *The Freak Factor for Kids*. Raleigh, NC: SEADS, 2012.

Simmons, Rachel. *The Curse of the Good Girl: Raising Authentic Girls with Courage and Confidence*. Nova York: Penguin, 2010.

Waters, Lea. *The Strength Switch: How the New Science of Strength-Based Parenting Can Help Your Child and Your Teen to Flourish*. Nova York: Avery, 2017.

Zucker, Bonnie. *Anxiety-Free Kids: An Interactive Guide for Parents and Children*. Waco, TX: Prufrock, 2008

ORGANIZAÇÕES

Para meninas e para mães e pais que estejam empolgados para buscar uma autoimagem saudável, além de confiança e de liderança, aqui está uma lista de organizações incríveis:

Amy Poehler's Smart Girls: https://amysmartgirls.com

Common Sense Media: commonsensemedia.org

Girls Inc.: https://girlsinc.org
Girls on the Run: www.girlsontherun.org
Girls Scouts of America: www.girlscouts.org
Girls Who Code: https://girlswhocode.com
Girls Write Now: www.girlswritenow.org
I Am That Girl: www.iamthatgirl.com
Running Start: https://runningstartonline.org
VIA Institute for Character: www.viacharacter.org
WE Institute: www.creatingwe.com

NOTAS FINAIS

Parte 1: Dicas para se tornar confiante

Capítulo 1: Os mecanismos da confiança
Pensamentos + Confiança = Ação
Nós esclarecemos essa fórmula com a ajuda do Dr. Richard Petty, da Universidade de Ohio; de Nansook Park, da Universidade de Michigan; de David Cunning, da Universidade Cornell; de Joyce Ehrlinger, da Universidade de Washington; e de Adam Kepecs, do Laboratório Cold Spring Harbor.

Bandura, Albert. "Self-efficacy: Toward a unifying theory of behavioral change". *Psychological*

Review 84, nº 2 (1977): 191-215. https://doi.org/10.1037/0033-295x.84.2.191.

Kepecs, Adam; Uchida, Naoshige; Zariwala, Hatim A.; Mainen, Zachary F. "Neural Correlates, Computation and Behavioural Impact of Decision Confidence". *Nature* 455, nº. 7210 (2008): 227-231. https://doi.org/10.1038/nature07200.

Park, Nansook; Peterson, Christopher. "Achieving and Sustaining a Good Life". *Perspectives on Psychological Science* 4 (2009): 422-428. https://doi.org/10.1111/j.1745-6924.2009.01149.x.

Park, Nansook; Peterson, Christopher. "Positive Psychology and Character Strengths: Application to Strengths-Based School Counseling". *Professional School Counseling* 12, nº 2 (2008): 85-92. https://doi.org/10.5330/psc.n.2010-12.85.

Rosenberg, Morris. *Conceiving the Self*. Nova York: Basic Books, 1979.

Seligman, Martin E. *Aprenda a ser otimista: Como mudar sua mente e sua vida*. Rio de Janeiro: Objetiva, 2019.

Cientistas que descobriram sobre o poder de escrever

Markman, Art. "How Writing To-Do Lists Helps Your Brain (Whether or Not You Finish Them)". *Fast Company*. 6Set.2016. www.fastcompany.com/3063392/how-writing-to-do-lists-helps-your-brain-even-when-you-don't-comple.

Mueller, Pam A.; Oppenheimer, Daniel M. "The Pen Is Mightier Than the Keyboard". *Psychological Science* 25, nº 6 (2014): 1159-1168. https://doi.org/10.1177/0956797614524581.

Wax, Dustin. "Writing and Remembering: Why We Remember What We Write". Lifehack. 30Jun. 2017. www.

lifehack.org/articles/featured/writing-and-remembering-why-we-remember-what-we-write.html.

Posições de poder

Embora ainda se questione se posições de poder podem realmente mudar a química do corpo, cientistas confirmam que, mesmo assim, elas levam a uma *sensação* de maior poder e, portanto, de confiança:

Briñol, Pablo; Petty, Richard E.; Wagner, Benjamin. "Body Posture Effects on Self-Evaluation: A Slef-Validation Approach". *European Journal of Social Psychology* 39, n° 6 (2009): 1053-1064. https://doi.org/10.1002/ejsp.607.

Cuddy, Amy J. C. "Want to Lean In? Try a Power Pose". *Harvard Business Review*, 20 mar. 2013. Acesso em: 13 set. 2017. https://hbr.org/2013/03/want-to-lean-in-try-a-power-po-2.

Capítulo 2: Negócio arriscado!

Etapa 5. Pequenas etapas

Locke, E. A.; Latham, G. P. "Building a Practically Useful Theory of Goal Setting and Task Motivation: A 35-Year Odyssey". *American Psychologist* 57, n° 9 (2002): 705-717. www.farmerhealth.org.au/wp-content/uploads/2016/12/Building-a-Practically-Useful-Theory-of-Goal-Setting-and-Task-Motivation-A-35-Year-Odyssey.pdf.

Etapa 7. Seja a sua própria treinadora

Adams, A. J. "Seeing Is Believing: The Power of Visualization". *Flourish!*, 3 dez. 2009. www.psychologytoday.com/blog/flourish/200912/seeing-is-believing-the-power-of-visualization.

Sheard, Michael; Golby, Jim. "Effect of a Psychological Skills Training Program on Swimming Performance and Positive

Psychological Development". *International Journal of Sport and Exercise Psychology* 4, no. 2 (2006): 149-169. https://doi.org/10.1080/1612197x.2006.9671790.

Capítulo 3: Fracasso épico

Bem, existem estudos científicos de verdade que mostram que o fracasso gera sucesso.

Duckworth, Angela. *Garra: O poder da paixão e da perserverança*. Rio de Janeiro: Intrínseca, 2016.

Miller, Caroline Adams. *Getting Grit: The Evidence-Based Approach to Cultivating Passion, Perseverance, and Purpose.*Boulder, CO: Sounds True, 2017.

Seligman, Martin E. *Aprenda a ser otimista: Como mudar sua mente e sua vida*. Rio de Janeiro: Objetiva, 2019.

É impossível viver sem fracassar em alguma coisa.

Rowling, J. K. "The Fringe Benefits of Failure, and the Importance of Imagination". *Harvard Gazette*, 5 jun. 2008. https://news.harvard.edu/gazette/story/2008/06/text-of-j-k-rowling-speech.

A realidade é: às vezes nós perdemos.

Nessif, Bruna. "Watch: Beyoncé's Video Message Part 2". E! Online. 17 dez. 2013. www.eonline.com/news/491914/beyonce-says-message-behind-lastest-album-is-finding-the-beauty-in-imperfection-watch-now.

Não tenho medo de tempestades, pois estou aprendendo a navegar meu barco.

Alcott, Louisa May. *Mulherzinhas*. Rio de Janeiro: José Olympio, 2020.

1. Seja a sua própria melhor amiga.

Salzberg, Sharon. *The Kindness Handbook: A Practical Companion*. Boulder, CO: Sounds True, 2008.

Salzberg, Sharon. *A real felicidade: O poder da meditação*. Rio de Janeiro: Magnitude, 2013.

4. Peça ajuda.

"Growth Mindset Asking for Help". Teaching Superkids. 23 out. 2016. www.teachingsuperkids.com/growth-mindset-asking-for-help/.

Brown, Brené. *A coragem de ser imperfeito: como aceitar a própria vulnerabilidade, vencer a vergonha e ousar ser quem você é*. Rio de Janeiro: Sextante, 2016.

Brown, Brené. *The Gifts of Imperfection: Let Go of Who You Think You're Supposed to Be and Embrace Who You Are*. Center City, MN: Hazelden, 2010.

Brown, Brené. *Mais forte do que nunca*. Rio de Janeiro: Sextante, 2016.

Dweck, Carol S. *Mindset: A nova psicologia do sucesso*. Rio de Janeiro: Objetiva, 2017.

Krakovsky, Marina. "Researchers: If You Want a Favor, Ask and Ask Again". *Insights*. 19 set. 2013. www.gsb.stanford.edu/insights/researchers-if-you-want-favor-ask-ask-again.

Capítulo 4: Torne-se crítica

Meninas são melhores alunas do que meninos na escola

Voyer, Daniel; Voyer, Susan D. "Gender Differences in Scholastic Achievement: A Meta-analysis". *Psychological Bulletin* 140, nº 4 (2014): 1174-1204. https://doi.org/10.1037/a0036620.

Países com mais igualdade de gênero

Revinga, Ana; Shetty, Sudhir. "Empowering Women is Smart Economics". *Finance & Development*, mar. 2012. www.imf.org/external/pubs/ft/fandd/2012/03/revenga.htm.

Empresas com mais líderes mulheres

Noland, Marcus; Moran, Tyler; Kotschwar, Barbara. "Is Gender Diversity Profitable? Evidence from a Global Survey". Peterson Institute for International Economics. Fev. 2016. https://piie.com/publications/wp/wp16-3.pdf.

Mulheres como membros do Congresso

Volden, Craig; Wiseman, Alan E. *Legislative Effectiveness in the Unites States Congress: The Lawmakers.* Nova York: Cambridge University Press, 2014.

Em outubro de 2017, apenas onze chefes de Estado

"Facts and Figures: Leadership and Political Participation". ONU Mulheres. Última modificação: jul. 2017. www.unwomen.org/en/what-we-do/leadership-and-political-participation/facts-and-figures.

Apenas vinte e cinco por cento dos trabalhos em ciência, tecnologia, engenharia e matemáticas

"Women in Science, Technology, Engineering, and Mathematics (STEM)". Catalyst. 29 mar. 2017. www.catalyst.org/knowledge/women-science-technology-engineering-and-mathematics-stem.

Mulheres ganham 83% do que os homens recebem

Brown, Anna; Patten, Eileen. "The Narrowing, but Persistent, Gender Gap in Pay". Pew Research Center.

3 abr. 2017. www.pewresearch.org/fact-tank/2017/04/03/gender-pays-gap-facts.

Em todo o congresso americano (a câmara dos deputados e o senado)
"Women in the U.S. Congress 2017". CAWP. Acesso em: 13 nov. 2017. www.cawp.rutgers.edu/women-us-congress-2017.

Parte 2: Confiança de dentro para fora

Capítulo 5: Você e o seu cérebro
Meninas e mulheres tendem a superanalisar as coisas
Lynd-Stevenson, Robert M.; Hearne, Christie M. "Perfectionism and Depressive Affect: The Pros and Cons of Being a Perfectionist". *Personality and Individual Differences* 26, nº 3 (1999): 549-562. https://doi.org/10.1016/s0191-8869(98)00170-6.
Mitchelson, Jacqueline K. "Perfectionism". *Journal of Occupational and Organizational Psychology* 82, nº 2 (2009): 349-367. https://doi.org/10.1348/096317908x314874.
Nolen-Hoeksema, Susan; Wisco, Blair E.; Lyubomirksy, Sonja. "Rethinking Rumination". *Perspectives on Psychological Science* 3, no. 5 (Set. 2008): 400-424. https://doi.org/10.1111/j.1745-6924.2008.00088.x.

Dê uma olhada nos padrões mais comuns de pensamento falho
Beck, Judith S. *Terapia cognitivo-comportamental: teoria e prática*. Porto Alegre: Artmed, 2013.
Beck, Judith S. *Terapia cognitiva para desafios clínicos: O que fazer quando o básico não funciona*. Porto Alegre: Artmed, 2007.
Burns, David D. *The Feeling Good Handbook*. Nova York: Plume, 1999.

Zucker, Bonnie. *Anxiety-Free Kids: An Interactive Guide for Parents and Children*. Waco, TX: Prufrock, 2008.

O que nós PENSAMOS cria o que SENTIMOS

Zucker, Bonnie. *Anxiety-Free Kids: An Interactive Guide for Parents and Children*. Waco, TX: Prufrock, 2008.

Veja como uma maneira diferente de pensar exatamente sobre a mesma situação

Zucker, Bonnie. *Anxiety-Free Kids: An Interactive Guide for Parents and Children*. Waco, TX: Prufrock, 2008.

É tudo coisa da sua cabeça

Mendelberg, Tali; Karpowitz, Chris; Shaker, Lee. "Gender Inequality in Deliberative Participation". *American Political Science Review* 106, nº 3 (2012): 533-547. https://doi.org/10.1037/e511862012-001.

Schmader, Toni; Major, Brenda. "The Impact of Ingroup vs Outgroup Performance on Personal Values". *Journal of Experimental Social Psychology* 35, nº 1 (1999): 47-67. https://doi.org/10.1006/jesp.1998.1372.

O cérebro de homens e de mulheres é diferente?

Para uma visão geral a respeito das diferenças cerebrais, sugerimos a leitura de *Como as mulheres pensam*, de Louann Brizendine, ou *Unleash the Power of the Female Brain*, de Daniel G. Amen. Além desses livros, há também um corpo crescente de literatura extremamente útil de pesquisadores como Gert de Vries, Patrica Boyle, Richard Simerly, Kelly Cosgrove e Larry Cahill. E, por fim, esta abrangente revisão bibliográfica é bastante útil: procure o artigo de Glenda E. Gillies e Simon McArthur "Estrogen

Actions in the Brain and the Basis for Differential Action in Men and Women: A Case for Sex-Specific Medicines".

Achiron, R; Achiron, A. "Development of the Human Fetal Corpus Callosum: A High-Resolution, Cross-Sectional Sonographic Study". *Ultrasound in Obstetrics and Gynecology* 18, n° 4 (2001): 343-347. https://doi.org/10.1046/j.0960-7692.2001.00512.x.

Amen, Daniel G. *Unleash the Power of the Female Brain: Supercharging Yours for Better Health, Energy, Mood, Focus, and Sex*. Nova York: Random House Digital, 2013.

Ankney, C. Davison. "Sex Differences in Relative Brain Size: The Mismeasure of Woman, Too?". *Intelligence* 16, n° 3 (1992): 329-336. https://doi.org/10.1016/0160-2896(92)90013-h.

Apicella, C.; Dreber, A.; Campbell, B.; Gray, P.; Hoffman, M.; Little, A. "Testosterone and Financial Risk Preferences". *Evolution and Human Behavior* 29, no. 6 (2008): 384-390. https://doi.org/10.1016/j.evolhumbehav.2008.07.001.

Brizendine, Louann. *Como as mulheres pensam*. Rio de Janeiro: Elsevier, 2006.

Coates, J. M.; Herbert, J. "Endogenous Steroids and Financial Risk Taking on a Londres Trading Floor". *Proceedings of the National Academy of Sciences* 105, n° 16 (2008): 6167-6172. https://doi.org/10.1073/pnas.0704025105.

Corbier, P.; Edwards, A.; Roffi, J. "The Neonatal Testosterone Surge: A Comparative Study". *Archives of Physiology and Biochemistry* 100, no. 2 (1992): 127-131.

Evans, Alan C. "The NIH MRI Study of Normal Brain Development". *NeuroImage* 30, n° 1 (2006): 184-202. https://doi.org/10.1016/j.neuroimage.2005.09.068.

Gillies, Glenda E.; McArthur, Simon. "Estrogen Actions in the Brain and the Basis for Differential Action in Men and Women: A Case for Sex-Specific Medicines". *Pharmacological Reviews* 62, n° 2 (2010): 155-198. https://doi.org/10.1124/pr.109.002071.

Gurian, Michael. *Boys and Girls Learn Differently! A Guide for Teachers and Parents*. San Francisco: Jossey-Bass, 2011.

Haier, Richard J.; Jung, Rex E.; Yeo, Ronald A.; Head, Kevin; Alkire, Michael T. "The Neuroanatomy of General Intelligence: Sex Matters". *NeuroImage* 25, nº 1 (2005): 320-327. https://doi.org/10.1016/j.neuroimage.2004.11.019.

Hsu, Jung-Lung. "Gender Differences and Age-Related White Matter Changes of the Human Brain: A Diffusion Tensor Imaging Study". *NeuroImage* 39, nº 2 (15 jan. 2008): 566-577. https://doi.org/10.1016/j.neuroimage.2007.09.017.

Kanaan, Richard A.; Allin, Matthew; Picchioni, Marco; Barker, Gareth J.; Daly, Eileen; Shergill, Sukhwinder S.; Woolley, James; Mcguire, Philip K. "Gender Differences in White Matter Microstructure". *PLoS ONE* 7, nº 6 (2012). https://doi.org/10.1371/journal.pone.0038272.

Kilpatrick, L. A.; Zald, D. H.; Pardo, J. V.; Cahill, L. F. "Sex-Related Differences in Amygdala Functional Connectivity during Resting Conditions". *NeuroImage* 30, nº 2 (1 abr. 2006): 452-461. https://doi.org/10.1016/j.neuroimage.2005.09.065.

Kimura, Doreen. "Sex Differences in the Brain". *Scientific American* 267, nº 3 (1992): 118-125.

Lemay, Marjorie; Culebras, Antonio. "Human Brain — Morphologic Differences in the Hemispheres Demonstrable by Cartoid Arteriography". *New England Journal of Medicine* 287, nº 4 (1972): 168-170. https://doi.org/10.1056/nejm197207272870404.

Magon, Angela Josette. "Gender, the Brain and Education: Do Boys and Girls Learn Differently?". Dissertação de mestrado, Universidade de Victoria, 2009. http://citeseerx.ist.psu.edu/viewdoc/download?doi=10.1.1.456.6637&rep=rep1&type=pdf.

Mude o canal

"Understanding the Stress Response". Harvard Health. Última atualização: 15 mar. 2016. www.health.harvard.edu/staying-healthy/understanding-the-stress-response.

Escreva pensamentos negativos em um papel e depois rasgue-o ou jogue fora

Briñol, Pablo; Gascó, Margarita; Petty, Richard E.; Horcajo, Javier. "Treating Thoughts as Material Objects Can Increase or Decrease Their Impact on Evaluation". *Psychological Science* 24, nº 1 (2012): 41-47. https://doi.org/10.1177/0956797612449176.

Gratidão e atitude

Watkins, P.; Woodward, K.; Stone, T.; Kolts, R. "Gratitude and Happiness: Development of a Measure of Gratitude and Relationships with Subjective Well-Being". *Social Behavior and Personality: An International Journal* 31, nº 5 (ago. 2003): 431-452. https://doi.org/10.2224/sbp.2003.31.5.431.

Faça um passeio de balão

Kearney, Christopher A. *Helping School Refusing Children and Their Parents: A Guide for School-Based Professionals.* Oxford University Press, 2008.

Capítulo 6: Amizade confiante
Cientistas descobriram que amizades nos tornam mais fortes, saudáveis e felizes

Holt-Lunstad, Julianne; Smith, Timothy B.; Baker, Mark; Harris, Tyler; Stephenson, David. "Loneliness and Social Isolation as Risk Factors for Mortality". *Perspectives on Psychological Science* 10, nº 2 (11 mar. 2015): 227-237. https://doi.org/10.1177/1745691614568352.

Holt-Lunstad, Julianne; Smith, Timothy B.; Layton, J. "Social Relationships and Mortality Risk: A Meta-analytic Review". *PLOS Medicine* 7, nº 7 (jul. 2010).

Amizades diminuem as nossas chances de doenças cardíacas

Gouin, Jean-Philippe; Zhou, Biru; Fitzpatrick, Stephanie. "Social Integration Prospectively Predicts Changes in Heart Rate Variability Among Individuals Undergoing Migration

Stress". *Annals of Behavioral Medicine* 49, nº 2 (2014): 230-238. https://doi.org/10.1007/s12160-014-9650-7.

Quando estamos com os nossos amigos, liberamos ocitocina
Taylor, S. E.; Klein, L. C.; Lewis, B. P.; Gruenwald, T. L.; Gurung, R. A. R.; Updegraff, J. A. "Biobehavioral Responses to Stress in Females: Tend-and-Befriend, Not Fight-or-Flight". *Psychological Review* 107, nº 3 (2002): 411-429. https://taylorlab.psych.ucla. edu/wp-content/uploads/sites/5/2014/10/2000_Biobehavioral-responses-to-stress-in-females_tend-and-befriend.pdf.

Não ter amizades fortes é tão pouco saudável quanto fumar
Harvard Women's Health Watch. "The Health Benefits of Strong Relationships". Harvard Health, Dez. 2010. www. health.harvard.edu/newsletter_article/the-health-benefits-of-strong-relationships.

Ela ficará menos estressada se tiver uma amiga lá e Meninas que têm pelo menos uma boa amiga
Adams, R. E.; Santo, J. B.; Bukowski, W. M. "The Presence of a Best Friend Buffers the Effects of Negative Experiences". *Developmental Psychology* 47, nº 6 (2011): 1786-1791. https://doi.org/10.1037/a0025401.

Pesquisas mostram que o comportamento de um amigo é contagioso
Christakis, N. A.; Fowler, J. H. "Social Contagion Theory: Examining Dynamic Social Networks and Human Behavior". *Statistics in Medicine* 32, nº 4 (20 fev. 2013): 556-577. http:// fowler.ucsd.edu/social_contagion_theory.pdf.

O cérebro das meninas está conectado de forma a valorizar a aprovação de amigos
Albert, Dustin; Chein, Jason; Steinberg, Laurence. "The Teenage Brain: Peer Influences on Adolescent Decision Making". *Current Directions in Psychological*

Science 22, nº 2 (16 abr. 2013): 114-120. https://doi.org/10.1177/0963721412471347.

Capítulo 7: Guia da menina confiante para navegar na internet
92% dos adolescentes estão on-line todos os dias
Lenhart, Amanda. "Teens, Technology and Friendships". Pew Research Center: Internet, Science & Tech. 6. ago. 2015. www.pewinternet.org/2015/08/06/teens-technology-and-friendships.

50% dos jovens se sentem viciados nos seus celulares
Wallace, Kelly. "50% of Teens Feel Addicted to Their Phones, Poll Says". CNN. 29 jul. 2016. www.cnn.com/2016/05/03/health/teens-cell-phone-addiction-parents/index.html.

88% acham que o compartilhamento excessivo é um grande problema e **77% dos adolescentes acham que são menos autênticos**
Lenhart. "Teens, Technology and Friendships".
Um terço de todas as fotos privadas enviadas
Lenhart, Amanda. "Chapter 5: Conflict, Friendships and Technology". Pew Research Center: Internet, Science & Tech. 6 ago. 2015. www.pewinternet.org/2015/08/06chapter-5-conflict-friendships-and-technology.

Fato divertido: O álibi do chocolate
Sherman, Lauren E.; Payton, Ashley A.; Hernandez, Leanna M.; Greenfield, Patricia M.; Dapretto, Mirella. "The Power of the Like in Adolescence". *Psychological Science* 27, no. 7 (2016): 1027-1035. https://doi.org/10.1177/0956797616645673.

Soat, Molly. "Social Media Triggers a Dopamine High". *Marketing News*, nov. 2015. www.ama.org/publications/MarketingNews/Pages/feeding-the-addiction.aspx.

Bullying cibernético
"Cyber Bullying Statistics". NoBullying—Bullying & CyberBullying Resources. 12 jun. 2017. https://nobullying.com/cyber-bullying-statistics-2014.

Parte 3: O eu confiante

Capítulo 8: Largando o hábito do perfeccionismo
Aprendemos muito sobre perfeccionismo das seguintes fontes:
Homayoun, Ana. *The Myth of the Perfect Girl: Helping Our Daughters Find Authentic Success and Happiness in School and Life*. Nova York: Perigee, 2013.
Simmons, Rachel. *The Curse of the Good Girl: Raising Authentic Girls with Courage and Confidence*. Nova York: Penguin, 2010.

Se a perfeição é o seu objetivo
Hewitt, Paul L.; Flett, Gordon L. "Perfectionism in the Self and Social Contexts: Conceptualization, Assessment, and Association with Psychopathology". *Journal of Personality and Social Psychology* 60, no. 3 (1991): 456-470. https://doi.org./10.1037//0022-3514.60.3.456.

Meninas e perfeccionismo: um fluxograma supercurto
Dweck, Carol S. *Mindset: A nova psicologia do sucesso*. Rio de Janeiro: Objetiva, 2017.

O perfeccionismo não é a chave para o sucesso
Hewitt, Paul L.; Flett, Gordon L. "Perfectionism in the Self and Social Contexts".

Lynd-Stevenson. "Perfectionism and depressive affect".

Marano, Hara Estroff. "Pitfalls of Perfectionism". *Psychology Today*, 1 mar. 2008. Atualização: 9 jun. 2016. www.psychologytoday.com/articles/200803/pitfalls-perfectionism.

Mitchelson, Jacqueline K. "Perfectionism". *Journal of Occupational and Organizational Psychology* 82, nº 2 (2009): 349-367. https://doi.org/10.1348/096317908x314874.

Sullivan, Bob; Thompson, Hugh. *The Plateau Effect: Getting From Stuck to Success*. Nova York: Dutton, 2013.

Curas para o perfeccionismo

Marano, Hara Estroff. "Pitfalls of Perfectionism". *Psychology Today*, 1 mar. 2008. Atualização: 9 jun. 2016. www.psychologytoday.com/articles/200803/pitfalls-perfectionism.

92% das meninas adolescentes gostariam de mudar alguma coisa

Antony, Martin M. "Cognitive-Behavioral Therapy for Perfecctionism". Conferência, Anxiety and Depression Association of America, 9 abr. 2015. https://adaa.org/sites/default/files/Antony_MasterClinician.pdf.

"Statistics on Girls& Women's Self Esteem, Pressures & Leadership". Heart of Leadership. Acesso em: 31 out. 2017. http://www.heartofleadership.org/statistics.

Nove entre dez meninas sentem pressão da indústria da moda e das mídias para serem magras

Girl Scouts of the USA/Girl Scout Research Institute. "Beauty Redefined: Girls and Body Image". 2010. www.girlscouts.org/content/dam/girlscouts-gsusa/forms-and-documents/about-girl-scouts/research/beauty_redefined_factsheet.pdf.

53% das meninas americanas estão insatisfeitas com os seus corpos
"Body Image and Nutrition". Teen Health and the Media. Acesso em: 13 nov. 2017. http://depts.washington.edu/ thmedia/view.cgi?section=bodyimage&page=fastfacts.

Oito entre dez meninas optam por não fazer esportes e Sete entre dez meninas não querem ser assertivas
Dove Self-Esteem Project. "Girls and Beauty Confidence: The Global Report". 2017. www.unilever.com/Images/dove-girls-beauty-confidence-report-infographic_tcm244-511240_en.pdf.

Capítulo 9: Sendo verdadeira com você
Encontrando você mesma
Peterson, Christopher; Seligman, Martin E. P. *Character Strengths and Virtues: A Handbook and Classification.* Oxford: Oxford University Press, 2004.

Reckmeyer, Mary; Robison, Jennifer. *Strengths Based Parenting: Developing Your Children's Innate Talents.* Nova York: Gallup Press, 2016.

"The VIA Survey". Values in Action Institute. Acesso em: 1 nov. 2017. www.viacharacter.org/www/Charcter-Strengths-Survey.

Waters, Lea. *The Strength Switch: How the New Science of Strength-Based Parenting Can Help Your Child and Your Teen to Flourish.* Nova York: Avery, 2017.

Eu nasci assim?
Duckworth, Angela. *Garra: O poder da paixão e da perseverança.* Rio de Janeiro: Intrínseca, 2016.

Ericsson, K. Anders; Krampe, Ralf T.; Tesch-Romer, Clemens. "The Role of Deliberate Practice in the Acquisition of Expert Performance". *Psychological Review* 100, no. 3 (1993): 363-406. https://graphics8.nytimes.com/images/blogs/freakonomics/pdf/DeliberatePractice.

Gladwell, Malcolm. *Fora de Série: Outliers*. Rio de Janeiro: Sextante, 2008.

Capítulo 10: Tornando-se uma Menina de Ação
A ciência do *Eu ao Nós*

Crocker, Jennifer; Carnevale, Jessica. "Self-Esteem Can Be an Ego Trap". *Scientific American*, 9 ago. 2013. www.scientificamerican.com/article/self-esteem-can-be-ego-trap.

Stulberg, Brad; Magness, Steve. "Be Better at Life by Thinking of Yourself Less". *Nova York*, 6 jun. 2017. http://nymag.com/scienceofus/2017/06/be-better-at-life-by-thinking-of-yourself-less.html.

Stulberg, Brad; Magness, Steve. *Peak Performance: Elevate Your Game, Avoid Burnout, and Thrive with the New Science of Success*. Emmaus, PA: Rodale, 2017.

Meninas e mulheres parecem se sentir particularmente atraídas à ideia de ajudar

Soutschek, Alexander; Burke, Christopher J.; Beharelle, Anjali Raja; Schreiber, Robert; Weber, Susanna C.; Karipidis, Iliana I.; Velden, Ten Jolien; et al. "The Dopaminergic Reward System Underpins Gender Differences in Social Preferences". *Nature Human Behaviour* 1, n° 11 (2017): 817-827. https://doi.org/10.1038/s41562-017-0226-y.

Preferem trabalhar para empresas que façam algo bom pela sociedade

"What Men, Women Value in a Job". Cap. 3. *In*: "On Pay Gap, Millennial Women Near Parity — For Now". Pew Research

Center's Social & Demographic Trends Project. 10 dez. 2013. www.pewsocialtrends.org/2013/12/11/chapter-3-what-men-women-value-in-a-job.

Hora do objetivo

Locke, Edwin A. "Motivation through Conscious Goal Setting". *Applied and Preventive Psychology* 5, nº 2 (1996): 117-124. https://doi.org/10.1016/s0926-1849(96)80005-9.

Confiança é algo contagiante

Campbell-Meiklejohn, Daniel; Simonsen, Arndis; Frith, Chris D.; Daw, Nathaniel D. "Independent Neural Computation of Value from Other People's Confidence". *Journal of Neuroscience* 37, nº 3 (18 jan. 2017): 673-684. https://doi.org/10.1523/jneurosci.4490-15.2017.

"Science Proves Confidence Is Contagious". *Barron's*. 24 jan. 2017. www.barrons.com/articles/science-proves-confidence-is-contagious-1485216033.

Zomorodi, Manoush. "What Google Is Doing to Solve Its Gender Problem". *Note to Self* (podcast), 29 abr. 2015. www.wnyc.org/story/google-test-case-gender-bias.

Mulheres e meninas estão mais dispostas a FAZER coisas arriscadas

Boschma, Janie. "Why Women Don't Run for Office". Politico. 12 jun. 2017. www.politico.com/interactives/2017women-rule-politics-graphic.

O nosso livro se apoiou fortemente em entrevistas com:

Lyn Brown, autora de *Powered by Girl*, e diretora do departamento de Estudos de Mulheres, Gênero e Sexualidade em Colby College.

Phyllis Fagell, colunista no *Washington Post*, psicóloga, especialista em parentalidade no ensino fundamental e orientadora escolar no ensino fundamental.

Wanda Holland Greene, diretora da Hamlin School for Girls.

Craig Kielburger, cofundador da organização WE.

Rachel Simmons, autora de *Garota fora do jogo* e *Enough As She Is* especialista em desenvolvimento de liderança no Smith College.

Bonnie Zucker, psicóloga e autora de *Anxiety-Free Kids*.

O nosso livro também foi bastante informado e inspirado pelas muitas longas entrevistas que conduzimos, em 2014, com dezenas de cientistas e especialistas a respeito de confiança para *A arte da autoconfiança: os segredos que toda mulher precisa conhecer para agir com convicção*. Entre eles:

Cameron Anderson, Universidade da Califórnia em Berkeley

Victoria Brescoll, Yale School of Management

Kenneth DeMarree, Universidade de Buffalo

David Dunning, Universidade Cornell

Joyce Ehrlinger, Universidade de Washington

Rebecca Elliott, Universidade de Manchester

Zach Estes, Universidade Bocconi (Milão)

Christy Glass, Utah State University

Adam Kepecs, Laboratórios Cold Spring Harbor

Dr. Jay Lombard, Genomind

Kristin Neff, Universidade do Texas

Nansook Park, Universidade de Michigan

Laura-Ann Petitto, Universidade Gallaudet

Richard Petty, Ohio State University

Stephen Suomi, Instituto Nacional de Saúde

Barbara Tannenbaum, Universidade Brown

Shelley Taylor, Universidade da Califórnia em Los Angeles

SOBRE AS AUTORAS

KATTY KAY é jornalista e autora. Katty estudou línguas modernas em Oxford e é fluente em francês e italiano, além de falar um pouco de "japonês enferrujado". A autora se divide entre a carreira e a criação dos quatro filhos ao lado do seu marido, que é consultor.

CLAIRE SHIPMAN é jornalista, escritora e oradora. Claire graduou-se em russo pela Universidade Columbia, onde também fez mestrado em relações internacionais. Atualmente, faz parte do conselho administrativo da mesma Universidade e mora em Washington, DC, com o marido, dois filhos e uma matilha de cães.

JILLELLYN RILEY é escritora e editora com extensa experiência em criar e contar histórias. Ela já trabalhou com autores best-sellers e inovadores de livros infantis, assim como de ficção e não ficção para adultos, além de ser coautora da série infanto-juvenil *The SaturdayCooking Club*. JillEllyn mora no Brooklyn, em Nova York, com o marido, os dois filhos e a aliada canina Stella.

NAN LAWSON é ilustradora e artista de Los Angeles. Ela colabora frequentemente com diversas galerias de arte no país e teve a oportunidade de trabalhar com empresas tais como AcademyAwards, Lucasfilm, Nickelodeon e Hulu. Lawson passa grande parte dos seus dias desenhando, tomando café e fazendo farra por LA com o marido e a filha.

Impressão e acabamento: Lis Gráfica